COLLECTION

CAMILLE ROGIER

OBJETS D'ART

CURIOSITÉ

Orientaux et Européens

TABLEAUX ANCIENS ET MODERNES

PARIS — 1896

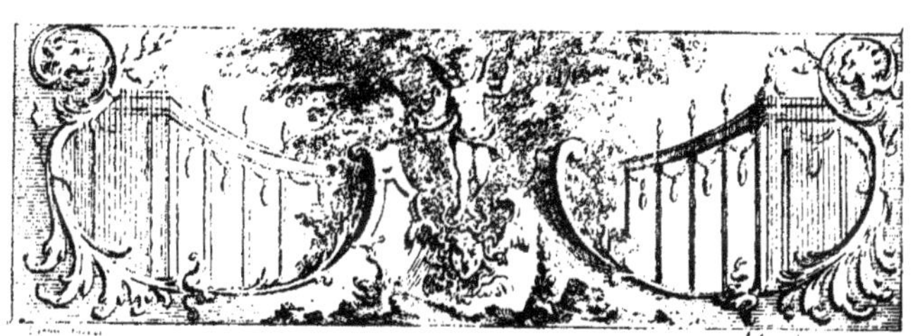

DÉSIGNATION

TABLEAUX ANCIENS

BLOEMEN (PIERRE VAN)

1 — *Chevaux à l'abreuvoir.*

Toile. Haut., 32 cent.; larg., 44 cent.

BOUCHER (D'après)

2 — *Bacchante couchée.*

Bois. Haut., 20 cent.; larg., 31 cent.

BOURGUIGNON (COURTOIS dit le)

3 — *Cavaliers en marche.*

Beau cadre italien en bois sculpté.

Bois. Haut., 17 cent.; larg., 25 cent.

CALIARI (Attribué à), dit PAUL VÉRONÈSE

4 — *Portrait d'un guerrier.*

Toile. Haut., 75 cent.; larg., 55 cent.

CATALOGUE

DES

OBJETS D'ART

ET DE CURIOSITÉ

ORIENTAUX ET EUROPÉENS

MATIÈRES PRÉCIEUSES

Armes; Bijoux; Orfèvrerie; Cuivres; Bronzes; Faïences de Rhodes; Porcelaines de la Chine et du Japon; Laques; Monnaies; Médailles; Meubles; Tapis; Étoffes

ET DES

TABLEAUX ANCIENS

PARMI LESQUELS DES ŒUVRES DE

Guardi, Magnesco, J. B. Tiepolo. Titien, etc.

Tableaux Modernes

COMPOSANT

La Précieuse Collection de M. CAMILLE ROGIER

ET DONT LA VENTE AURA LIEU

HOTEL DROUOT, SALLE N° 2

Les Mardi 26, Mercredi 27 et Jeudi 28 Mai 1896

A DEUX HEURES

COMMISSAIRE-PRISEUR

Me PAUL CHEVALLIER

10, rue Grange-Batelière, 10

EXPERTS

Pour les Tableaux :	*Pour les Objets d'art :*
M. EUG. FÉRAL	MM. MANNHEIM PÈRE & FILS
54, rue du Faubourg-Montmartre, 54	7, rue Saint-Georges, 7

EXPOSITIONS

PARTICULIÈRE : *Le Samedi 23 Mai 1896, de 1 h. 1/2 à 5 h. 1/2*

PUBLIQUE : *Le Lundi 25 Mai 1896, de 1 h. 1/2 à 5 h. 1/2*

CONDITIONS DE LA VENTE

La vente se fera *expressément* au comptant.

Les Acquéreurs paieront *cinq pour cent* en sus des adjudications.

L'exposition mettant le public à même de se rendre compte de l'état et de la nature des objets, il ne sera admis aucune réclamation une fois l'adjudication prononcée.

Paris. — Imprimerie de l'Art, E. Moreau et Cie, 41, rue de la Victoire.

CARPIONI

5 — *Bacchus et Ariane.*

Toile. Haut., 1 m. 45 cent.; larg., 1 m. 90 cent.

CASTIGLONE (Benedetto)

6 — *Scène biblique.*

Cadre italien en bois sculpté.

Toile. Haut., 95 cent.; larg., 1 m. 5 cent.

GAMELIN (J.)

7 — *Choc de cavalerie.*

Toile. Haut., 75 cent.; larg., 1 m. 15 cent.

GAMELIN (J.)

(DEUX PENDANTS)

8 — *Entretien de Socrate avec ses disciples.*
Mort de Socrate.

Esquisses de forme ronde.

Diam., 25 cent.

GOYA (F.)

9 — *Portrait d'un général de la première République.*

Vu en buste et coiffé d'un chapeau a large bord avec plumes.

Bois. Haut., 18 cent.; larg., 14 cent.

GUARDI (F.)

10 — *Paysage.*

Avec arc de triomphe en ruine, pont et cavalier.

Toile. Haut., 30 cent.; larg., 50 cent.

GUARDI (F.)

11 — *Vue de l'Église Saint-Georges, dans les lagunes de Venise.*

Au premier plan, plusieurs personnages dans des gondoles.
Cadre en bois sculpté.

Toile. Haut., 12 cent.; larg., 29 cent.

GUARDI (F.)

12 — *Un Portique.*

Sous lequel passent un seigneur et une dame.
Dans le fond, un palais avec terrasse.
Cadre italien en bois sculpté.

Toile. Haut., 15 cent.; larg., 12 cent.

GUARDI (F.)

(DEUX PENDANTS)

13 — *Paysages.*

Avec personnages au bord d'un cours d'eau.
Cadres italiens en bois sculpté.

Toiles. Haut., 18 cent.; larg., 26 cent.

KABEL (VAN DER)

14 — *Animaux à l'abreuvoir.*

Toile. Haut., 22 cent.; larg., 26 cent.

LEPRINCE (J. B.)

15 — *Femme orientale jouant avec une perruche.*

Charmante peinture en grisaille.
Panneau de chaise à porteurs.

Toile. Haut., 60 cent.; larg., 50 cent.

LONGHI

16 — *Portrait d'une dame vénitienne.*

Toile. Haut., 70 cent.; larg., 48 cent.

MAGNASCO (A.)

17 — *Intérieur napolitain.*

Au centre, une jeune femme et une petite fille prennent la collation. Cadre italien en bois sculpté.

Toile. Haut., 70 cent.; larg., 55 cent.

MAGNASCO (A.)

18 — *Le Repas des anachorètes.*

Ils sont assis dans une grotte.

Toile. Haut., 70 cent.; larg., 54 cent.

MONNOYER (Attribué à Baptiste)

(DEUX PENDANTS)

19 — *Fleurs dans des vases.*

Cadres italiens en bois sculpté.

Toiles. Haut., 70 cent.; larg., 75 cent.

OLIVERO (Dominico)

20 — *Une Noce villageoise se rendant à l'église.*

Toile. Haut., 55 cent.; larg., 91 cent.

PARROCEL

21 — *Choc de cavalerie.*

Toile. Haut., 45 cent.; larg., 58 cent.

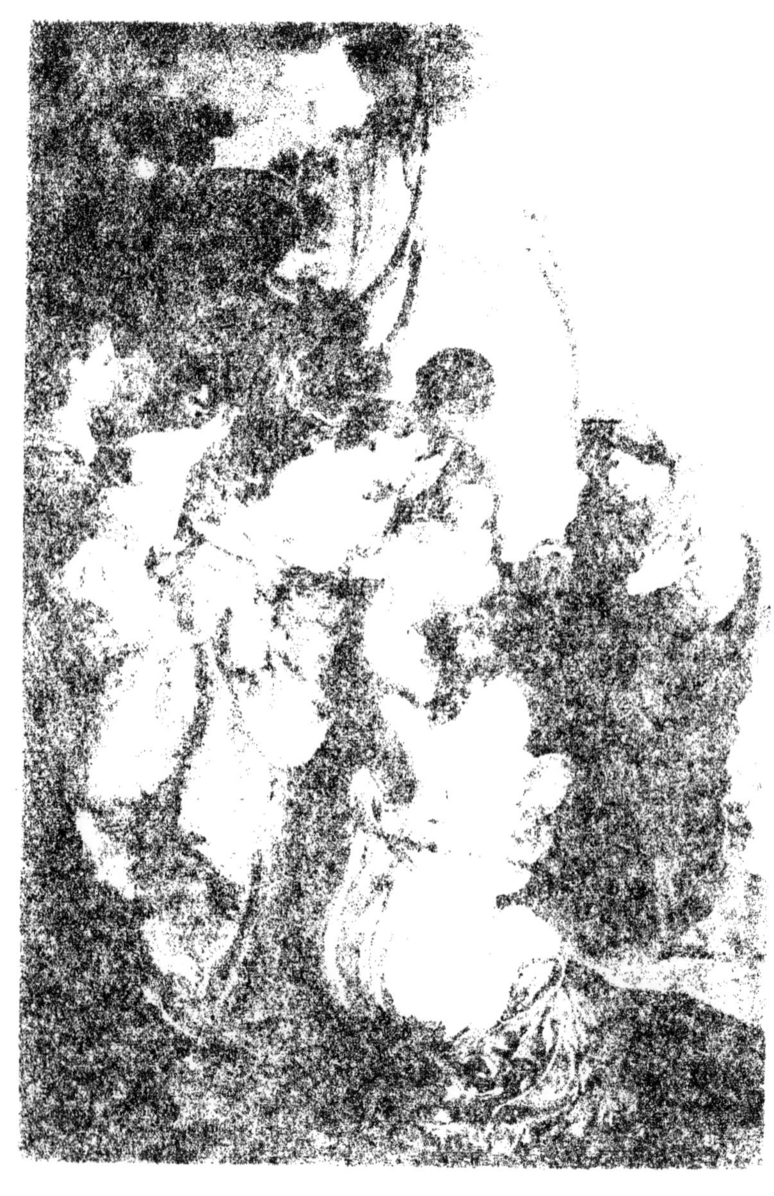

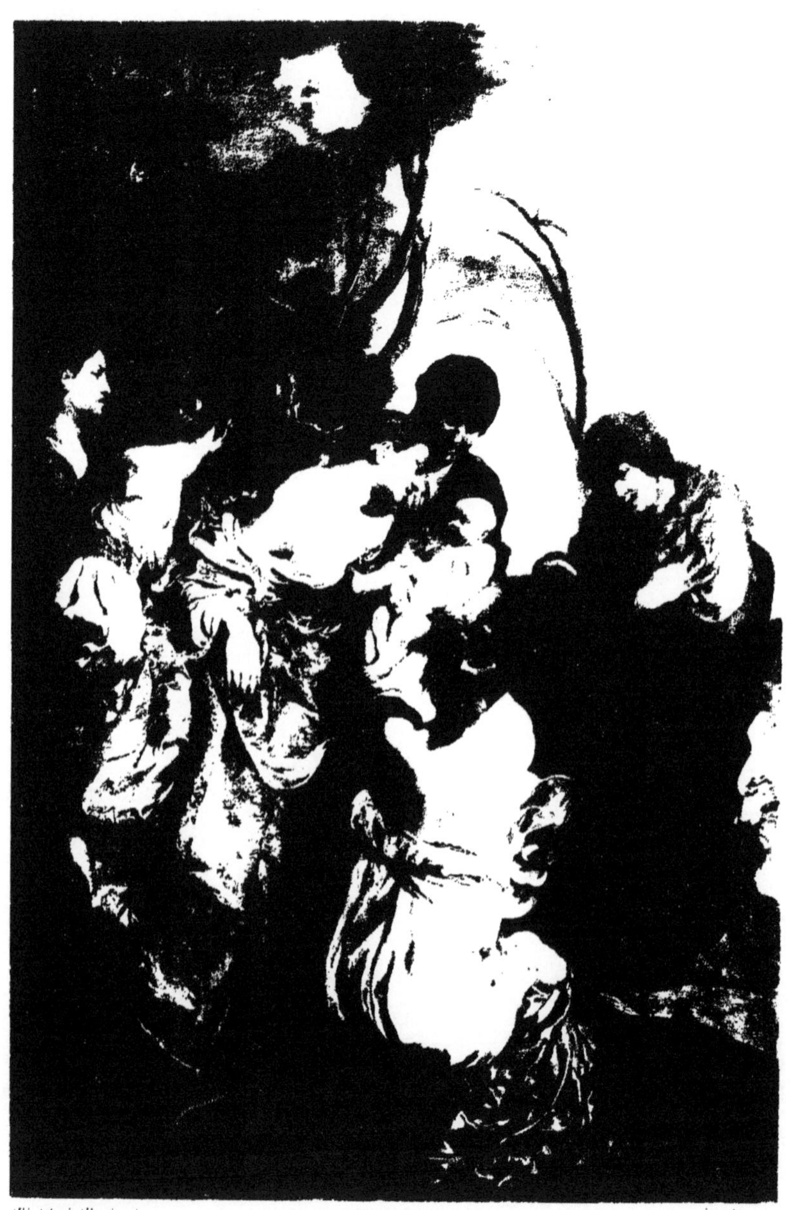

PELLEGRINI (A.)

(DEUX PENDANTS)

22 — *Jésus et le paralytique.*

Le Martyre de saint Laurent.

Toiles. Haut., 38 cent.; larg., 68 cent.

RICCI (Sébastien)

23 — *Soldats campés dans des monuments en ruine.*

Toile. Haut., 94 cent.; larg., 67 cent.

ROSA (Attribué à Salvator)

(DEUX PENDANTS)

24 — *Rochers au bord de la mer avec groupes de personnages.*

Route dans les montagnes sillonnée de voyageurs.

Cadres italiens en bois sculpté.

Toiles. Haut., 65 cent.; larg., 1 m. 2 cent.

SCHIAVONE

25 — *L'Enlèvement d'Hélène.*

Bois. Haut., 25 cent.; larg., 1 m. 10 cent.

SCHIAVONE

26 — *L'Enlèvement de Proserpine.*

Bois. Haut., 27 cent.; larg., 82 cent.

STROZZI (B.)

27 — *Moïse sauvé des eaux.*

Belle et vigoureuse peinture.
Provenant de la galerie Alyarotti.
Cadre italien en bois sculpté.

Toile. Haut., 1 m. 40 cent.; larg., 95 cent.

TIEPOLO (J. B.)

28 — *Apollon sur le Pinde.*

Gracieuse composition avec nombreux personnages.
Cadre en bois sculpté.

Toile. Haut., 62 cent.; larg., 91 cent.

TIEPOLO (J. B.)

29 — *La Vierge et l'Enfant Jésus.*

Auprès d'eux, un chien sur le collier duquel on lit : *J. B. Tiepolo.*
Cadre italien en bois sculpté.

Toile. Haut., 45 cent.; larg., 36 cent.

TIEPOLO (J. B.)

30 — *Le Calvaire.*

Importante composition.
Cadre italien en bois sculpté.

Toile. Haut., 73 cent.; larg., 84 cent.

TIEPOLO (J. B.)

31 — *L'Extase de saint François d'Assise.*

Cadre en bois sculpté.

Toile. Haut., 74 cent.; larg., 54 cent.

TIEPOLO (J. B.)

32 — *Vœu d'un donataire aux pieds de saint Augustin.*

Toile. Haut., 58 cent.; larg., 32 cent.

TIEPOLO (J. B.)

33 — *L'Inspiration de saint Marc.*

Très bonne peinture en grisaille.

Toile. Haut., 42 cent.; larg., 30 cent.

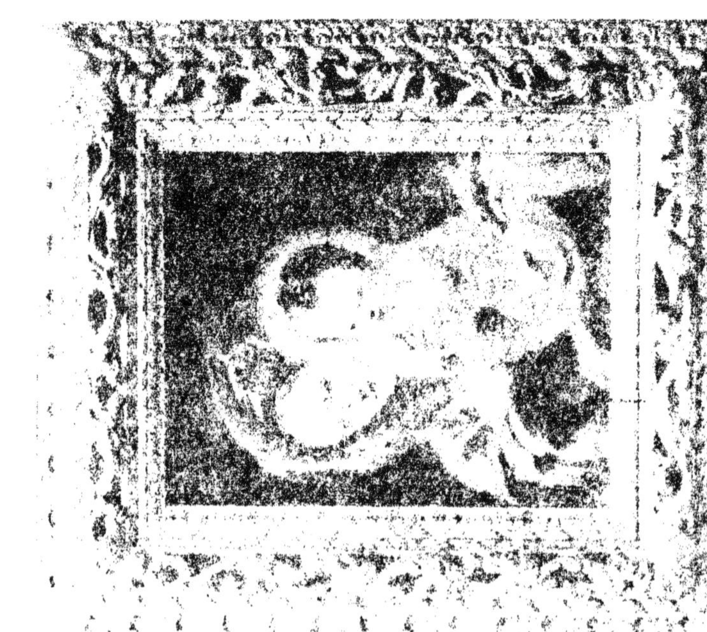

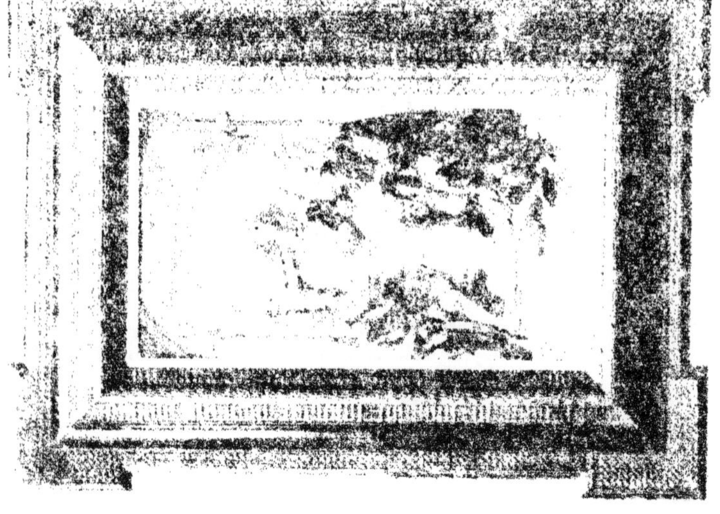

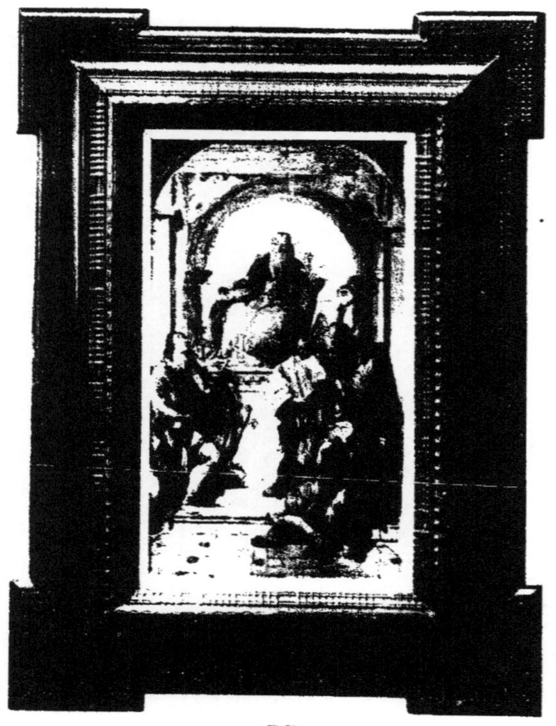

32

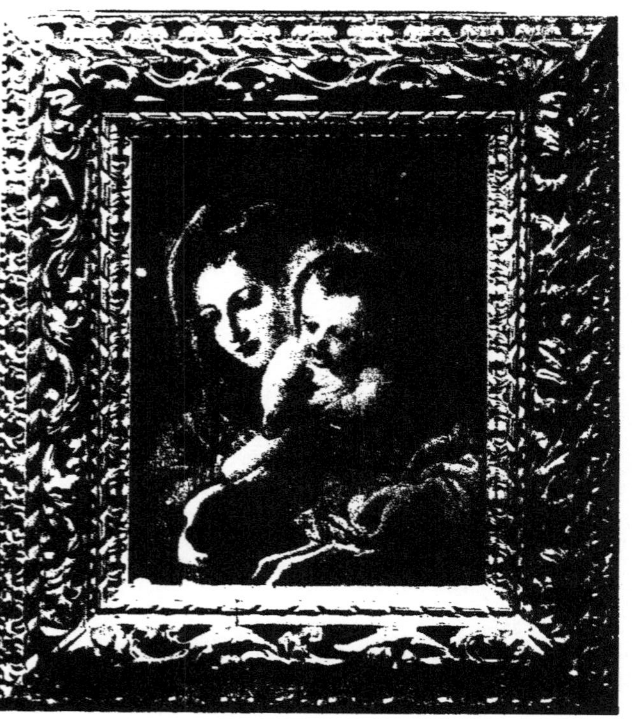

29

TIEPOLO (DOMINIQUE)

34 — *L'Éducation de la Vierge.*

Grisaille.

Toile. Haut., 40 cent.; larg., 28 cent.

TRÉVISANI (F.)

35 — *Madeleine pleurant sur une tête de mort.*

Cadre en bois sculpté.

Toile. Haut., 37 cent.; larg., 28 cent.

VECELLI, dit le TITIEN

36 — *Paysage accidenté.*

Avec berger étendu sur le sol et gardant son troupeau.

Ce tableau, qui provient du palais Barbarigo, avait été anciennement attribué à Giorgione, mais une gravure du XVIe siècle, trouvée en 1837 par le professeur Barsato, membre de l'Académie de peinture en Italie, a dû le faire restituer à Vecelli. Il est d'une chaleur de coloris des plus remarquables. C'est un très beau spécimen de l'École vénitienne.

Bois. Haut., 30 cent.; larg., 1 m. 28 cent.

VÉRONÈSE (D'après P.)

37 — *Fragment des noces de Cana.*

Tableau qui est au Musée du Louvre.
Cadre italien en bois sculpté.

Toile. Haut., 46 cent.; larg., 34 cent.

VESTIER (Attribué à)

38 — *Portrait présumé de Grétry.*

En buste, habit bleu et cravate blanche.

Toile. Haut., 40 cent.; larg., 28 cent.

ÉCOLE ITALIENNE

39 — *Portrait d'homme.*

En habit rouge, une lettre à la main.

Toile. Haut., 1 m. 55 cent.; larg., 1 m. 5 cent.

ÉCOLE ITALIENNE

40 — *Portrait de jeune fille tenant des fleurs.*

Toile. Haut., 68 cent.; larg., 46 cent.

ÉCOLE ITALIENNE

41 — *Le Peintre et le modèle.*

Toile. Haut., 35 cent.; larg., 25 cent.

ÉCOLE ITALIENNE

42 — *Vue de Venise.*

Avec nombreux personnages.

Toile. Haut., 16 cent.; larg., 25 cent.

BOUCHER (Attribué à)

43 — *Bacchantes et Amours.*

Dessin signé, à la pierre d'Italie.

Haut., 20 cent.; larg., 14 cent.

TABLEAUX MODERNES

BOUTIBONNE

44 — *Léda et Jupiter.*

Toile. Haut., 53 cent.; larg., 30 cent.

BOUTIBONNE

45 — *Les Disciples d'Emmaüs.*

D'après P. Véronèse.

Toile. Haut., 38 cent.; larg., 58 cent.

BOZE (H.)

46 — *Arabes conduisant leurs chevaux à l'abreuvoir.*

Bois. Haut., 32 cent.; larg., 40 cent.

BOZE (H.)

47 — *Caravane arabe.*

Bois. Haut., 21 cent.; larg., 33 cent.

BOZE (H.)

48 — *Cavaliers arabes.*

Cadre italien en bois sculpté.

Bois. Haut., 20 cent.; larg., 12 cent.

CHATEAU (H.)

49 — *Vue d'une porte d'Alger.*

Toile. Haut., 32 cent.; larg., 24 cent.

COUTURE (T.)

50 — *Bacchante.*

Vue à mi-corps.

Toile ovale. Haut., 38 cent.; larg., 30 cent.

JOYANT (J.)

51 — *Vue de Venise.*

Signé à droite.

Bois. Haut., 30 cent ; larg., 21 cent.

LANDELLE

52 — *Rêverie.*

Cadre italien en bois sculpté.

Bois. Haut., 20 cent.; larg., 15 cent.

LOTTIER

53 — *Entrée du port de Constantinople.*

Toile. Haut., 26 cent.; larg., 42 cent.

LOTTIER

54 — *Entrée du port de Constantinople.*

Vue prise de la Côte d'Asie.
Cadre italien en bois sculpté.

Toile. Haut., 18 cent.; larg., 38 cent.

LOTTIER

55 — *Débarcadère, près d'une mosquée.*

Toile. Haut., 13 cent.; larg., 30 cent.

LOTTIER

56 — *Côte de l'Asie-Mineure.*

Toile. Haut., 31 cent.; larg., 45 cent.

LOTTIER

57 — *Rue et marché, au Caire.*

Toile. Haut., 38 cent.; larg., 26 cent.

LOTTIER

58 — *Palais sur le Bosphore.*

Cadre italien en bois sculpté.

Bois. Haut., 30 cent.; larg., 13 cent.

LOTTIER

59 — *Intérieur d'un khan, au Caire.*

Bois. Haut., 14 cent.; larg., 18 cent.

LOTTIER

60 — *Une Rue à Alger.*

Bois. Haut., 22 cent.; larg., 18 cent.

LOTTIER

61 — *Soleil couchant.*

Au bord d'une rivière.

Carton. Haut., 13 cent.; larg., 22 cent.

MASSON (Bénédict)

62 — *Vœu à la Madone.*

Toile. Haut., 32 cent.; larg., 35 cent.

MONTICELLI

63 — *Réunion élégante dans un bois.*

Bois. Haut., 25 cent.; larg., 38 cent.

MULLER (Carle)

64 — *Nymphe couchée jouant avec un jeune faune.*

Toile. Haut., 13 cent.; larg., 18 cent.

NANTEUIL (Célestin)

65 — *Princesse distribuant des aumônes.*

Toile. Haut., 34 cent.; larg., 58 cent.

PELLEGRIN

66 — *Cavalier turc faisant galoper ses chevaux.*

Toile. Haut., 21 cent.; larg., 32 cent.

ROGIER (C.)

67 — *Pan et Syrinx.*

Cadre italien en bois sculpté.

Bois. Haut., 16 cent.; larg., 14 cent.

ÉCOLE MODERNE

68 — *Nymphes au bain.*

Toile. Haut., 32 cent.; larg., 22 cent.

TRAVIÈS (C. J.)

69 — *Personnage debout.*

Dessin à la plume.

Haut., 28 cent.; larg., 21 cent.

70 — Quatre planches gravées par Gavarni.

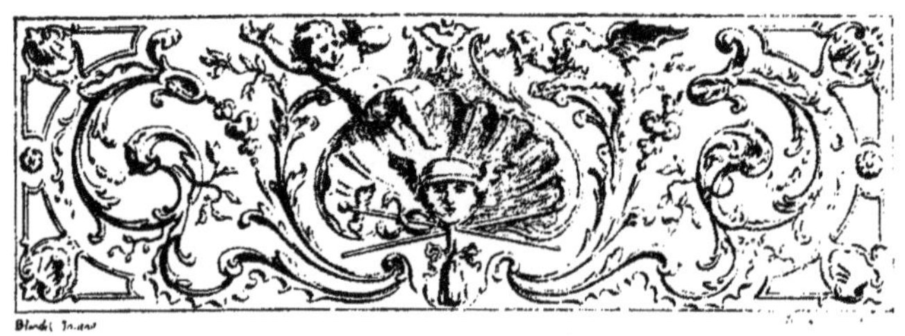

DÉSIGNATION DES OBJETS

ARMES ORIENTALES

71 — Couteau à lame courte incrustée d'or et à manche de lapis interrompu par un anneau filigrané décoré de petits rubis, de turquoises et d'émeraudes; talon en argent doré orné de grenats.

Long., 24 cent.

72 — Couteau de forme analogue, à manche composé de cylindres de jade, de lapis et de corail.

Long., 20 cent.

73 — Couteau à lame recourbée et à poignée d'argent repoussé, décorée de feuillages et de fleurs. Fourreau en argent repoussé et doré.

Long., 33 cent.

74 — Poignard persan à lame très recourbée, damassée et décorée d'arabesques dorées; manche composé de deux plaques de lapis réunies par des filigranes d'argent et décorées de petits rubis.

Long., 27 cent.

75 — Couteau à lame recourbée incrustée d'or et à manche d'argent repoussé, décoré de feuillages et de fleurs. Fourreau d'argent repoussé.

Long., 34 cent.

76 — Couteau à large lame légèrement recourbée et à manche d'argent gravé et doré, rehaussé de grenats cabochons et de turquoises. Fourreau de velours vert monté en argent repercé et doré et décoré de turquoises et de petits grenats.

Long., 37 cent.

77 — Couteau à lame légèrement recourbée et à poignée d'argent ciselé, gravé et doré, décorée de grenats cabochons. Fourreau de velours vert avec monture d'argent doré, orné de petits grenats et de turquoises.

Long., 27 cent.

78 — Couteau à lame damassée, montée en argent filigrané et doré; le manche est de jade taillé à huit pans, décoré d'appliques de filigranes sertissant de petits rubis ou des grenats cabochons. Fourreau en argent repoussé.

Long., 35 cent.

79 — Couteau à lame damassée incrustée d'or, montée en filigrane d'argent doré. Manche en jade, orné d'un grenat cabochon. Fourreau de maroquin vert décoré d'appliques d'argent doré, offrant des rosaces filigranées.

Long., 34 cent.

80 — Couteau à lame damassée légèrement recourbée, montée en argent filigrané et à manche d'agate rehaussé de chatons d'or enchâssant de petits rubis. Fourreau en argent repoussé, accompagné d'une chaîne de suspension en argent filigrané.

Long., 295 millim.

81 — Petit couvert composé d'un couteau à lame incrustée d'argent et d'une fourchette en argent, munis l'un et l'autre de manches en agate. Fourreau en maroquin accompagné d'une garniture d'argent gravée d'arabesques.

Long., 235 millim.

82 — Couteau à lame damassée, montée en argent filigrané; manche de jade incrusté d'arabesques d'argent et d'or, surmonté d'un petit rubis. Fourreau de velours vert monté en argent repoussé et niellé.

Long., 295 millim.

83 — Couteau à lame incrustée d'argent, montée en argent doré et filigrané; manche de jade terminé par un bouton de fleur. Fourreau en filigrane d'argent doré.

Long., 23 cent.

84 — Couteau à lame damassée, incrustée d'or et montée en argent gravé et doré; manche en jade incrusté d'or, rehaussé de petits rubis entourant une émeraude.

Long., 285 millim.

85 — Couteau à lame damassée, montée en argent filigrané et doré; manche en jade taillé à sept pans, incrusté de filets d'or et décoré d'un petit rubis.

Long., 21 cent.

86 — Couteau à lame damassée, incrustée d'or et montée en argent doré et à manche de jade taillé à huit pans.

Long., 255 millim.

87 — Couteau pointu à lame damassée, montée en argent filigrané et doré. Le manche, de lapis de Perse, est terminé par une petite rose montée en argent et en or.

Long., 215 millim.

88 — Couteau à lame damassée; le manche est de jade incrusté d'or, monté en argent gravé et doré; le pommeau est orné d'un saphir pâle et de deux petits grenats cabochons.

Long., 24 cent.

89 — Poignard à lame droite damassée, décorée de fleurs incrustées d'or et d'argent; poignée en jade montée en filigrane d'argent. Fourreau de velours vert décoré de filigrane d'argent.

Long., 37 cent.

90 — Sabre recourbé à poignée en argent niellé et gravé, avec quelques rehauts de dorure. Travail oriental, XVIIIe siècle.

Long., 77 cent.

91 — Poignard persan à lame damassée, à deux tranchants, décorée

d'arabesques gravées. Manche de jade recourbé et orné de fleurs en relief. Fourreau de velours bleu monté en argent repoussé et doré.

Long., 39 cent.

92 — Poignard persan à lame recourbée, à deux tranchants, incrusté d'arabesques d'or et d'argent, et à poignée recourbée en jade sculpté, décorée de cabochons de grenats.

Long., 41 cent.

93 — Couteau à lame recourbée, à manche d'argent décoré de fleurs et de trophées d'armes. Fourreau en argent repoussé, doré et décoré de la même manière.

Long., 39 cent.

94 — Poignard à lame très recourbée, damassée, gravée et dorée. Manche en jade en forme de balustre terminé par un saphir clair. Fourreau en velours bleu, monté en argent repoussé et doré.

Long., 32 cent.

95 — Poignard persan à lame très recourbée, incrustée d'arabesques d'or; manche de lapis avec appliques d'argent doré et de grenats cabochons. Fourreau de maroquin vert monté en argent gravé.

Long., 38 cent.

96 — Poignard à lame droite, décorée d'arabesques d'or, montée en filigrane d'argent doré. Manche en jade gravé de compartiments d'arabesques.

Long., 49 cent.

97 — Poignard à lame droite, à deux tranchants, gravée à sa base, et muni d'un manche en agate, décoré d'appliques d'argent filigrané et doré. Fourreau en velours rouge, monté en argent repoussé et doré.

Long., 325 millim.

98 — Poignard à lame recourbée, décorée d'arabesques gravées, et à manche en agate, décoré d'appliques d'argent filigrané et doré.

Long., 41 cent.

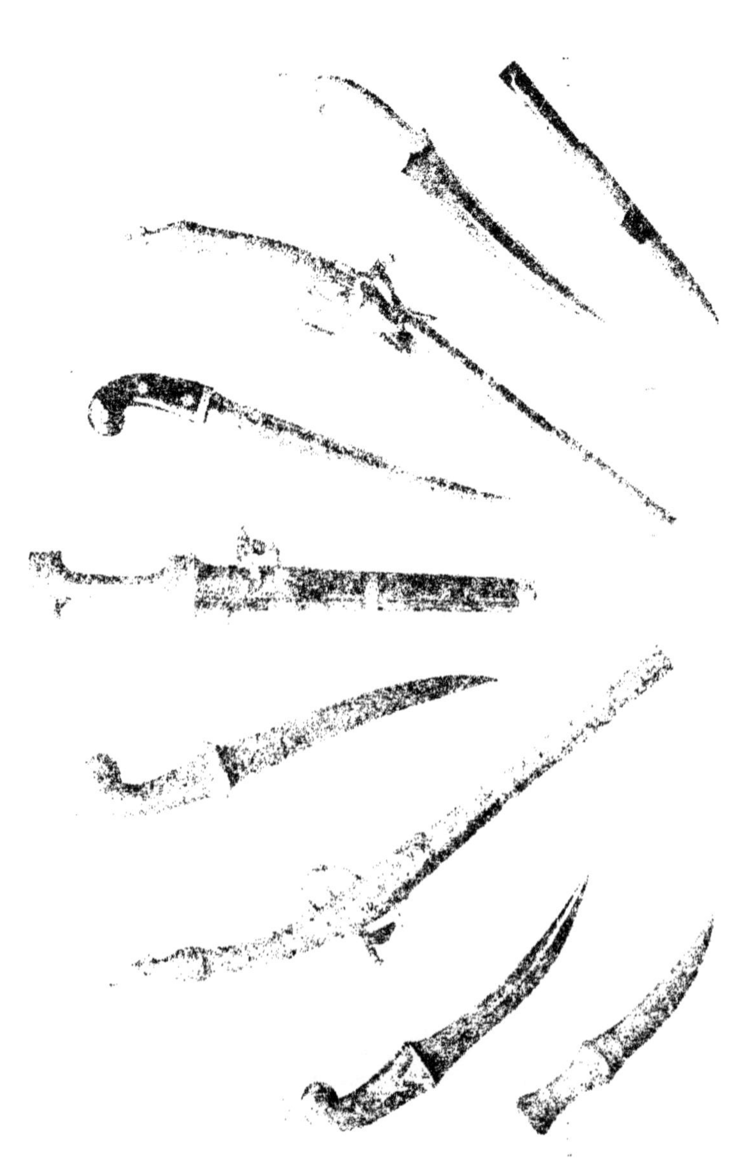

109

98 92

110 110

95 91

100 101

99 — Poignard à lame recourbée, décorée d'arabesques gravées et dorées, à manche d'agate incrusté de grenats. Fourreau en velours brun, monté en argent gravé et repoussé.

Long., 29 cent.

100 — Petit poignard à lame recourbée, décorée d'arabesques dorées ; le manche ainsi que le fourreau sont entièrement en filigrane d'argent doré.

Long., 26 cent.

101 — Couteau à lame recourbée, incrustée d'or, monté en filigrane d'argent doré. Manche en lapis. Fourreau de velours bleu, orné de filigranes d'argent doré.

Long., 31 cent.

102 — Poignard persan à lame recourbée, décorée d'inscriptions incrustées d'or. Le manche est de jade orné d'un petit rubis. Le fourreau est de velours rouge monté en argent repoussé et doré ; à l'entrée du fourreau, une frise de cabochons de grenats et de turquoises.

Long., 35 cent.

103 — Poignard à lame recourbée, décorée d'arabesques et d'inscriptions dorées, à manche d'argent gravé, orné sur son pommeau d'un grenat cabochon cantonné de turquoises. Fourreau d'argent doré offrant un décor à compartiments.

Long., 415 millim.

104 — Poignard à manche recourbé ; le manche et le fourreau sont en cuivre et entièrement recouverts de fleurs et de feuillages peints en rouge, bleu et jaune sur fond blanc.

Long., 44 cent.

105 — Poignard à lame légèrement recourbée ; manche en bois évasé vers sa base et vers son pommeau décoré de feuillages sculptés.

106 — Petit sac en cuir noir de forme rectangulaire brodé d'argent et muni de pompons de soie et d'une cordelière de même matière et de couleur bleue.

107 — Tromblon à crosse et fût entièrement recouverts d'un oiseau d'argent doré découpé à jour. Platine et canon gravés.

Long., 79 cent.

108 — Tromblon à crosse et fût entièrement recouverts d'argent repoussé et canon entièrement décoré de rinceaux incrustés d'argent.

Long., 81 cent.

109 — Pistolet à deux coups, à pierre, à canons superposés, et à fût de noyer incrusté d'argent. La crosse, d'argent gravé, décorée d'inscriptions et de feuillages, forme la poignée d'un poignard dont la lame vient se loger dans le fût, en arrière de la platine. Ce pistolet a appartenu à la famille de S. A. Tepe-de-lenli-ali-Pacha.

Long., 40 cent.

110 — Paire de pistolets turcs à canons gravés, et à fûts entièrement en argent doré et niellé. Même provenance que le précédent.

Long., 56 cent.

111 — Pulvérin en argent repoussé, décoré de grenats cabochons, muni de sa bandouillère de cuir garnie d'appliques d'argent estampé et doré.

Long. du pulvérin, 17 cent.

112 — Pulvérin en argent repoussé, décoré de compartiments de filigrane, muni de chaînes de suspension.

Long., 17 cent.

113 — Petite hache d'armes de forme contournée, entièrement recouverte d'arabesques incrustées d'argent.

Long., 50 cent.

114 — Baguette en fer avec poignée en argent doré et filigrané, montée à pivot sur une pièce de suspension terminée par une bélière.

Long., 50 cent.

115 — Couteau à lame courte incrustée d'or, à manche de jade décoré d'incrustations d'or et de rubis, et terminé par un talon d'argent gravé et doré.

Long., 215 millim.

116 — Couteau de même forme, à manche d'agate et de lapis incrustés d'or.

Long., 25 cent.

117 — Couteau de même forme et de décor analogue, à manche d'agate interrompu par un anneau filigrané décoré de grenats cabochons et de turquoises.

Long., 25 cent.

118 — Couteau à lame droite montée en argent filigrané et doré. Manche de jade terminé par un petit rubis.

Long., 22 cent.

119 — Couteau à lame droite montée en argent gravé et doré. Manche de jaspe.

Long., 17 cent.

120 — Couteau à lame droite montée en argent doré, filigrané et émaillé. Manche en cristal de roche figurant un oiseau de proie dont les yeux sont formés par de petits grenats. Sur la tête de l'oiseau, une émeraude.

Long., 31 cent.

121 — Couteau à lame légèrement recourbée montée en argent gravé et doré, à manche de jade taillé à sept lobes et terminé par une petite émeraude.

Long., 29 cent.

122 — Couteau à lame légèrement recourbée, montée en argent gravé et doré, à manche de jade cylindrique incrusté d'or et terminé par un grenat cabochon.

Long., 28 cent.

123 — Petite rondache en fer damasquiné d'or.

124 — Sabre oriental, à lame très recourbée, incrustée d'or. Poignée en corne.

Long., 81 cent.

125 — Pistolet oriental, à crosse et canon incrustés d'or ; fût recouvert de maroquin, maintenu par des anneaux d'argent niellé. Travail oriental.

Long., 47 cent.

126 — Pistolet oriental, à canon et crosse damasquinés d'or. Garniture d'argent niellé.

Long., 47 cent.

127 — Poignard oriental, à poignée et fourreau plaqués d'argent et rehaussés d'émaux.

128 — Hache d'arme en fer gravé et damasquiné d'or. Travail persan.

129 — Corselet de janissaire composé de plaques de fer imbriqué, réunies par des mailles et portant des traces de dorure.

CUIVRES DE L'ORIENT

130 — Vase couvert à large panse aplatie, décoré sur son épaulement d'une longue inscription arabe sectionnée en deux parties par des écussons vides aujourd'hui. Au-dessous de cette inscription se développe un large bandeau composé de deux rubans entrelacés déterminant des médaillons circulaires renfermant des feuillages. Couvercle bombé, repoussé, et décoré d'une rosace lobée. Travail arabe. xive siècle.

Haut., 23 cent.

131 — Très grand bassin à bords renversés, décoré extérieurement d'arabesques gravées, encadrant des inscriptions et les armoiries du sultan d'Égypte : Malek el Achraf. Les mêmes armoiries et le nom du sultan sont gravés à l'intérieur du bord. Le fond est orné d'un médaillon contenant une frise de feuillages entrelacés. Travail arabe. xve siècle.

Diam., 46 cent.

132 — Très grand bassin à bords renversés et à fond plat, décoré de compartiments d'arabesques gravées, alternant avec des médaillons renfermant une tige de fleur stylisée. La même décoration se retrouve sur le bord à l'intérieur. Le fond est refait. Travail arabe. xve siècle.

Diam., 46 cent.

133 — Grand bassin circulaire, plus étroit à son orifice qu'à sa base, entièrement décoré d'arabesques gravées renfermant des feuillages et des fleurs. Travail arabe. xve siècle.

Diam., 33 cent.

134 — Petit bassin circulaire à bords légèrement renversés, décoré de rosaces et de frises d'arabesques gravées. Travail arabe. xve siècle.

Diam., 27 cent.

135 — Flambeau de mosquée à base en forme de tronc de cône, à tige cylindrique surmontée de moulures ; la base est décorée d'une frise d'inscriptions arabes, se détachant sur un fond de fleurettes. La base est du xive siècle. La tige a été refaite.

Haut., 31 cent.

136 — Flambeau de mosquée à base en forme de tronc de cône, décoré de grandes rosaces renfermant des feuillages et des inscriptions alternant avec d'autres frises contenant des inscriptions arabes accompagnées d'un fond de feuillages. La tige est moderne.

Haut., 34 cent.

137 — Flambeau de mosquée à base en forme de tronc de cône, à binet cylindrique terminé par des moulures. Le décor se compose de rosaces, d'entrelacs alternant avec des inscriptions arabes.

Haut., 32 cent.

138 — Pied de plateau formé de deux troncs de cônes opposés réunis par un anneau saillant, décoré de deux frises d'inscriptions arabes se détachant sur un fond de rinceaux. A la base une autre frise composée d'une inscription. Traces d'incrustations d'argent. Travail arabe.

Haut., 23 cent.

139 — Bassin de forme circulaire, plus étroit à son orifice qu'à sa base. Il est décoré extérieurement d'arabesques gravées sur toute sa surface. Sur son pourtour se voit une frise sur laquelle des inscriptions alternent avec des armoiries. Les mêmes armoiries accompagnées d'une inscription se voient à l'intérieur. Travail arabe. xve siècle.

Diam., 29 cent.

140 — Flambeau à tige cylindrique et à base épatée, décorée d'arabesques gravées et de deux inscriptions persanes. Travail persan, XVIe siècle.

Haut., 25 cent.

141 — Très grand plateau circulaire en cuivre gravé, décoré en son centre d'un compartiment d'arabesques renfermant des armoiries. Autour de ce médaillon central sont rangés symétriquement huit médaillons circulaires ou ovales, offrant les mêmes armoiries et des inscriptions arabes. Sur le marli est gravée également une longue inscription. Travail arabe.

Diam., 78 cent.

142 — Petite boite circulaire en cuivre gravé, incrusté d'argent, offrant sur chacune de ses faces une figure de femme assise accompagnée d'inscriptions persanes. Travail persan, XVIIe siècle.

Diam., 5 cent.

143 — Timbre en bronze oriental décoré d'inscriptions incrustées d'argent.

144 — Chauffe-mains de forme sphérique, à décor d'entrelacs gravés, incrustés d'argent. La garniture intérieure est complète. Venise. XVIe siècle.

Diam., 12 cent.

145 — Aiguière et son bassin en cuivre gravé, décoré de feuillages de style européen. XVIIIe siècle.

Diamètre du bassin, 29 cent.
Hauteur de l'aiguière, 30 cent.

146 — Trois coupes couvertes en cuivre repoussé et gravé, à décor européen, de style Louis XIV.

Diam., 18 cent.

147 — Fragment de narghilé de forme ovoïde, décoré à sa partie supérieure de tiges, de feuillages et de fleurs.

Haut., 18 cent.

BRONZES DE L'ORIENT

148 — Lampe. Elle se compose d'une tige de flambeau montée sur trois pieds en griffes, et surmontée d'un récipient en forme de paon, dont la partie postérieure forme le bec de la lampe. Le couvercle de la lampe représente une tête d'homme barbu. Travail byzantin, XIIe siècle (?).

Haut., 39 cent.

149 — Petit crachoir en forme de coupe, en métal décoré de palmettes incrustées d'argent. Travail indien.

Haut., 66 cent.

150 — Petit vase en bronze, à panse piriforme, décoré de palmes, de feuillages et d'oiseaux incrustés d'argent et d'or. Le col, de forme évasée, est en argent ciselé, décoré de feuillages stylisés. Travail indien.

Haut., 15 cent.

151 — Vase indien en bronze, à panse sphérique aplatie, taillé à neuf pans, surmonté d'un col à neuf pans également, imitant le calice d'une fleur. Décor de bouquets de fleurs incrusté d'argent.

Haut., 17 cent.

152 — Deux boites persanes, à décor laqué. Travail persan.

MATIÈRES PRÉCIEUSES

TRAVAUX ORIENTAUX

153 — Vase en cristal de roche, taillé à quatre pans, muni de deux anses en forme de muffle de lion, décoré d'un masque grotesque et d'un oiseau gravé. Monture en argent doré, décorée d'émaux champlevés. Travail chinois.

Haut., 15 cent.

154 — Vase en cristal de roche taillé à quatre pans; la panse, renflée

à sa partie médiane, est décorée de deux têtes de lions prises dans la masse. Les reliefs, ainsi que les côtés du vase, dans lesquels sont incrustés des rinceaux d'or, sont rehaussés de menues pierreries. Monture en argent ciselé, découpé à jour, ornée d'émaux et terminée par une perle fine. Pied rectangulaire en cristal de roche incrusté d'or. Travail chinois et persan.

Haut., 185 millim.

155 — Vase piriforme en cristal de roche, accompagné de deux anses formées de rinceaux pris dans la masse. Sur la panse du vase sont gravés deux cartouches entourés d'ornements. Monture orientale en argent filigrané et doré, rehaussée de petits rubis et d'émeraudes; un saphir cabochon surmonte le couvercle. Travail chinois et monture persane.

Haut., 11 cent.

156 — Cachet chinois en cristal de roche, composé d'une base ovale portant des caractères d'écriture gravés en relief et d'une figure de chien dressé sur ses quatre pattes prise dans la masse. Travail chinois.

Haut., 7 cent.

157 — Petite tasse en cristal de roche, de forme circulaire, munie d'une anse prise dans la masse, accompagnée d'un fleuron. Travail chinois.

Diam., 65 millim.

158 — Petite nacelle en cristal de roche, en forme de demi-cylindre, ornée à ses extrémités de godrons taillés en creux. Travail chinois.

Long., 7 cent.

159 — Petit brûle-parfum en cristal de roche, de forme sphérique aplatie, décoré extérieurement de deux figures de dragons en relief prises dans la masse. Monture moderne en argent ciselé, doré et émaillé, terminée par une perle fine. Travail chinois.

Haut., 8 cent.

160 — Manche de cristal de roche, de forme contournée, décoré de branchages et de feuilles en relief. Travail chinois.

Long., 10 cent.

161 — Coupe de cristal de roche, de travail chinois, décorée extérieurement de tiges, de feuillages et de fruits de très haut relief, pris dans la masse. Monture moderne en argent ciselé et doré à plusieurs tons, de style Louis XIV.

Haut., 205 millim.

162 — Petit vase en cristal de roche, monté en argent doré et émaillé; il affecte la forme d'un fruit accompagné de sa tige et de feuilles prises dans la masse. Le couvercle décoré, ainsi que le pied, de feuillages de lierre émaillés, se compose d'une émeraude cabochon. Travail chinois.

Haut., 55 millim.

163 — Quatre anneaux circulaires, en cristal de roche gravé, pris dans une seule masse. Travail chinois.

Diam., 55 millim.

164 — Sceptre chinois, en cristal de roche.

Long., 20 cent.

165 — Vase à huit pans, en cristal de roche gravé, accompagné de deux anses en forme de dragon. Il est placé sur un socle également à huit pans, en cristal. Le couvercle ajouré offre une figure de chien en haut-relief. Monture filigranée en argent doré. Travail chinois.

Haut., 258 millim.

166 — Deux dés de cristal de roche fumé, surmontés de deux figures de chiens de haut-relief, prises dans la masse. Travail chinois.

Haut., 125 millim. et 12 cent.

167 — Petite coupe en jade, accompagnée de deux anses en volutes terminées par des têtes de dragons et prises dans la masse. La panse est décorée de motifs en relief; le pied est d'argent recouvert d'émaux champlevés et dorés.

Haut., 76 millim.; diam., 79 millim.

168 — Petit vase piriforme en jade, accompagné de deux anses en

forme de cylindre prises dans la masse. Monture orientale en argent filigrané, doré, munie de chaînettes de suspension et rehaussée de petites turquoises.

Haut., 134 millim.

169 — Petite coupe à sacrifices, en jade, affectant la forme d'un fruit, munie d'une anse prise dans la masse, découpée à jour, offrant des caractères d'écriture. Travail chinois.

Long., 13 cent.; larg., 73 millim.

170 — Coupe à sacrifices, en jade, munie d'une anse en forme de tête d'éléphant et d'une base de forme carrée. Travail chinois.

Long., 18 cent.; larg., 11 cent.

171 — Coupe couverte, en jade, portée sur quatre pieds pris dans la masse, munie de deux anses de haut-relief, en forme de dragons, dans lesquelles sont engagés deux anneaux mobiles. Le couvercle, décoré, comme la coupe, d'ornements en relief, forme lui-même une seconde coupe. Travail chinois.

Diam., 20 cent.; haut., 115 millim.

172 — Petit flacon en jade, à panse piriforme aplatie. Travail chinois.

Haut., 57 millim.

173 — Flacon en jade, à panse piriforme aplatie, accompagné de deux anses prises dans la masse.

Haut., 58 millim.

174 — Coupe en jade, de forme surbaissée, montée sur un pied circulaire, accompagnée de deux anses relevées prises dans la masse, décorée sur sa panse de motifs d'ornements en relief. Travail chinois.

Diam. 14 cent.

175 — Vase de jade, de forme cylindrique, représentant un paysage montagneux, accompagné d'oiseaux et de personnages entièrement découpés à jour. Monture européenne composée de quatre dau-

phins en argent doré accompagnés d'appliques de lapis. Les anses, en forme de dragons, l'oiseau, qui surmonte le couvercle, sont également en argent doré.

Haut., 26 cent.

176 — Petit vase en jade, de forme cylindrique, incrusté de feuillages d'or sertissant de petits rubis. Pied et couvercle filigranés, décorés de cabochons de grenats, de petites émeraudes et de menues perles. Travail persan.

Haut., 8 cent.

177 — Petit flacon en jade, de forme cylindrique, décoré d'incrustations d'or sertissant des rubis. Monture européenne en argent ciselé et doré.

Haut., 7 cent.

178 — Bracelet composé de six plaques de jade octogonales, incrustées de fleurettes d'or sertissant des cabochons de grenat. Monture filigranée. Travail persan.

Long., 185 millim.

179 — Flacon en jade, en forme de vase à panse aplatie, à col muni de deux anses prises dans la masse. Le vase est de travail chinois; la monture du pied et le couvercle terminé par une tête de dragon orné de petites perles et de rubis, sont de fabrication européenne.

Haut., 152 millim.

180 — Petite boite circulaire en argent filigrané, décorée sur son couvercle d'une plaque de jade gris, incrustée de chatons d'or, sertissant des turquoises, des émeraudes et des rubis. Cette décoration est complétée par une rosace de filigrane. Travail persan.

Diam., 7 cent.

181 — Petite boite composée de deux plaques de jade, décorée d'incrustations d'or sertissant des rubis cabochons ou en table. Monture en argent gravé, filigrané et émaillé. Travail oriental.

Larg., 38 millim.

182 — Flacon piriforme aplati en jade gris, découpé sur ses bords ; il est serti d'une monture d'argent ciselé et doré, et décoré sur ses deux faces d'incrustations d'or rehaussées de petites émeraudes et de petits rubis. Pied rectangulaire en argent ciselé et émaillé. Bouchon d'argent retenu par deux chaînettes d'or. Travail persan.

Haut., 11 cent.

183 — Petite bonbonnière ovale composée de deux plaques de jaspe sanguin, enchassées dans une monture en argent doré, décorée d'inscriptions arabes. Travail oriental.

Larg., 45 millim.

184 — Boite ovale composée de deux plaques d'agate orientale dont l'une porte une longue inscription gravée, sertie dans une monture en argent filigrané et doré, décorée d'inscriptions en relief alternant avec des fleurettes composées de rubis et de turquoises et des médaillons d'agate portant des inscriptions gravées. Travail oriental.

Larg., 68 millim.

185 — Petite boite rectangulaire en jaspe. Monture en argent doré. Travail oriental.

Larg., 5 cent.

186 — Petite boite rectangulaire composée de deux plaques de jade ; celle qui forme le couvercle est incrustée d'arabesques d'or. Monture en argent champlevé, émaillé, de style oriental, rehaussé de petits rubis. Travail oriental.

Larg., 48 millim.

187 — Coupe à sacrifices en agate, affectant la forme d'un fruit ovale, muni de sa tige et de feuilles en forme d'éventails prises dans la masse. Travail chinois.

Haut., 45 millim.

188 — Petite boite oblongue formée de tables de lapis sertis dans une monture d'argent filigrané dans laquelle sont montés des grenats cabochons et des tables de lapis. Travail oriental.

Long., 55 millim.

189 — Boite ovale composée de deux plaques de jaspe sanguin, sertie dans une monture d'argent filigrané et doré. Travail oriental.

Larg., 55 millim.

190 — Autre analogue, à quatre pans.

Larg., 5 cent.

191 — Encrier chinois en pierre de touche, de forme ovale, décoré d'araignées en relief.

192 — Petit flacon piriforme en lapis incrusté de feuillages d'or, monté en argent filigrané et décoré de petits rubis et de petites émeraudes. Travail oriental.

Haut., 55 millim.

193 — Flacon à odeur en lapis, en forme de petit vase à large panse monté en argent doré.

Haut., 5 cent.

194 — Boite ovale de travail chinois, composée de deux plaques de lapis; sur le couvercle est sculpté un paysage montagneux. La monture se compose d'un large bandeau d'argent doré et émaillé sertissant des turquoises et des grenats. Travail chinois.

Larg., 68 millim.

195 — Petite boite en agate, taillée à cinq pans. Monture en argent. XVIIIe siècle.

Larg., 73 millim.

196 — Tabatière en agate, taillée à huit pans; le couvercle plus petit que le fond de la pièce est serti en argent. XVIIIe siècle.

Larg., 8 cent.

197 — Amulette en agate, montée sur un pied en bois de fer.

BIJOUX DE L'ORIENT

198 — Deux figurines chinoises en argent repoussé et doré, représensentant deux enfants dont l'un porte une boite circulaire, l'autre une tige de lotus en argent émaillé. Ancien travail chinois.

Haut., 12 cent.

199 — Boîte ovale en argent doré, entièrement recouverte de rinceaux cloisonnés et terminés par de grosses fleurs émaillées en rouge lie de vin.

Long., 75 millim.

200 — Paire de bracelets en argent, décorés d'inscriptions arabes gravées et de deux boules composées de filigranes. Travail oriental.

201 — Grand médaillon en argent filigrané et doré, décoré de turquoises, de grenats et de petits rubis, muni d'une double chaine de suspension en argent doré, soutenant en outre un médaillon ovale décoré d'émaux champlevés. Travail oriental.

202 — Médaillon reliquaire en argent filigrané et doré, rehaussé d'émaux champlevés, muni d'une chaine de suspension filigranée, à laquelle pend en outre un médaillon plus petit, de forme ovale, décoré de feuillages et d'oiseaux émaillés.

203 - Épingle d'ornement, décorée d'une rosace d'argent doré, découpée à jour, en forme de marguerite, décorée de rubis, d'émeraudes et de menues perles disposées en franges. Travail oriental.

Long., 9 cent.

204 — Chaîne en argent filigrané et doré, composée d'un triple chainon réuni sur une plaque en forme de trapèze, décorée d'une turquoise à laquelle sont suspendues cinq chaînettes terminées par des boutons ajourés. Travail oriental.

Long., 18 cent.

205 — Bijou de suspension de forme ovale, en or filigrané et émaillé, muni à sa partie inférieure de trois pierres d'émeraudes percées, accompagnées de trois petites perles. Travail oriental.

Haut., 7 cent.

206 — Garniture de ceinture en argent, en partie doré, composée d'une branche formée de deux gros boutons hémisphériques réunis par un bouton plus petit, de onze boutons de moindre grandeur et d'un petit bouton; le tout cousu sur une ceinture de soie tissée d'argent.

207 — Plaque d'ornement de forme circulaire et bombée, composée de filigranes d'argent, dont les différentes zones sont séparées par des cabochons de grenats ou des perles de verre de teinte bleue. Travail oriental.

Diam., 14 cent.

208 — Plaque analogue à la précédente, décorée de verroterie de couleur. Travail oriental.

Diam., 13 cent.

209 — Boucle de ceinture composée de deux disques bombés en argent doré, filigrané, décoré d'un motif en forme d'étoile dont le centre est occupé par un grenat cabochon. Travail oriental.

Larg., 27 cent.

210 — Croix reliquaire en argent filigrané, doré, rehaussée d'émaux, de turquoises et de grenats, accompagnée de sa chaine de suspension. Travail oriental.

211 — Plaque d'ornement de forme circulaire, bombée à sa partie centrale et décorée d'émaux, entièrement composée de frises concentriques de filigranes d'argent doré. Ce disque est accompagné d'une tige terminée par un bouton muni de pendeloques; le tout en filigrane. Travail oriental.

Diam., 11 cent.

212 — Médaillon-reliquaire de forme ovale en argent filigrané et doré, décor d'émaux, de turquoises et de grenats. Il est muni d'une chaine de suspension à laquelle est suspendu en outre un croissant d'argent doré, décoré de grenats et de turquoises disposés sur sa face principale et sur les pendeloques. Travail oriental.

213 — Médaillon-reliquaire de forme ovale en argent filigrané, décoré d'un gros cabochon de grenat. Chaine de suspension dont les éléments sont formés par des marguerites en filigrane accompagnées d'une étoile de jade incrustée d'or et de grenats portant au revers une image de saint Bruno en argent estampé. Travail oriental.

214 — Collier en argent doré composé de chainettes réunies par des médaillons et un fermoir décorés d'aigles à deux têtes. Travail oriental.

Long., 47 cent.

215 — Petit vase à odeur en argent filigrané, de forme cylindrique, muni d'un montant hémisphérique retenu par deux chainettes d'or.

Haut., 4 cent.

OBJETS VARIÉS DE L'ORIENT

216 — Calebasse de derviche composée d'un fruit de forme allongée, évidée, décorée extérieurement de frises offrant des inscriptions arabes, des fleurs, des motifs d'ornements stylisés et des médaillons renfermant des oiseaux. Quadruple chaine de suspension en cuivre. Travail oriental ancien.

217 — Paire d'éperons en fer. Travail oriental.

Long., 20 cent.

218 — Manuscrit oriental écrit sur feuilles de palmier.

219 — Petit briquet oriental accompagné d'une petite pochette en cuir, décoré d'ornements en cuivre gravé.

220 — Petite trousse en roseau plaqué de corne, contenant un couteau et deux baguettes d'ivoire.

221 — Sept pièces : tuyaux de pipes et pipes de fabrication orientale.

222 — Deux étriers en fer incrusté d'argent, munis de leurs sangles Travail persan.

223 — Paire de ciseaux en fer incrusté d'or, dont les anneaux sont accompagnés d'une inscription persane.

Long., 29 cent.

224 — Paire de ciseaux en fer damasquiné d'or. Travail persan. XVIIIe siècle.

Long., 29 cent.

225 — Compas en fer damasquiné d'argent. Perse. XVIIe siècle.

Long., 16 cent.

226 — Petite bonbonnière en argent repoussé, ciselé, en partie doré, décoré d'arabesques, d'inscriptions et de boutons filigranés.

Diam., 85 millim.

227 — Petite coupe hémisphérique en filigrane d'argent, rehaussée de fleurettes émaillées.

Diam., 6 cent.

228 — Encrier de forme circulaire en fer incrusté d'argent, surmonté d'un couvercle hémisphérique. Travail indien.

Haut., 83 millim.

229 — Petit coffret en fer de forme rectangulaire reposant sur quatre pieds, décoré sur toute sa surface de rinceaux de fleurs et de feuillages incrustés d'or; l'intérieur du couvercle est décoré de la même façon. Le dessous du coffret est gravé à l'eau-forte. Travail persan.

Haut., 95 millim.; long., 19 cent.; larg., 10 cent.

230 — Fourneau de narghilé en fer gravé et ciselé, incrusté d'or, muni de chainettes d'argent, monté sur une tige et un culot en bois noirci. Travail persan.

Haut., 155 millim.

231 — Petit coffret en fer de forme rectangulaire, à couvercle à quatre rampants; ses faces et son couvercle sont décorés d'incrustations d'or représentant des oiseaux et des fleurs. Travail oriental. XVIIe siècle.

Long., 11 cent.; larg., 75 millim.; haut., 85 millim.

232 — Paire d'étriers orientaux en fer, décorés sur leurs côtés, de corbeilles de fleurs et de rinceaux exécutés en nielles et en incrustations d'argent doré. XVIIe siècle.

Long., 30 cent.; larg., 19 cent.

233 — Pupitre en X décoré d'incrustations de marqueterie d'os, de bois et de cuivre de forme géométrique. L'intérieur du pupitre est décoré de fleurs peintes.

Haut., 44 cent.; larg., 17 cent.

234 — Petit cylindre assyrien en hématite.

235 — Petit pupitre en noyer sculpté et découpé à jour. Travail oriental.

Haut., 8 cent.; larg., 98 millim.

236 — Miroir circulaire monté en argent estampé.

Diam., 18 cent.

237 — Figurine en pierre de lard de la déesse Kouan-in, un rouleau d'une main et un chapelet de l'autre. Travail chinois. Pied en bois de fer décoré de feuilles de lotus.

Haut., 31 cent.

238 — Deux petites coupes de forme rectangulaire en émail de Canton, à fond bleu turquoise.

Haut., 35 millim.

239 — Petit vase, à quatre pans, décoré de fleurs et de feuillages sur fond noir.

240 — Petit flambeau, de forme orientale, en métal argenté, décoré d'inscriptions arabes et de médaillons renfermant des fleurons.

Haut., 14 cent.

PORCELAINES DE CHINE

241 — Potiche en ancienne porcelaine de Chine à fond bleu, à décor de paysages exécutés en or. Monture en bronze doré de style Louis XV.

Haut., 37 cent.

242 — Paire de potiches en ancienne porcelaine de Chine, semées de fleurs et d'insectes polychromes ou exécutés en or sur fond bleu lapis. Les couvercles sont surmontés d'un éléphant couché. Monture en bronze doré de style chinois.

Haut., 37 cent.

243 — Deux grands vases en ancienne porcelaine de Chine, à panse piriforme, à décor polychrome sur fond blanc : paysages, fleurs et oiseaux.

Haut., 61 cent.

244 — Deux grands vases en ancienne porcelaine de Chine, décorés de personnages polychromes : scène d'intérieur.

Haut., 59 cent.

245 — Assiette en ancienne porcelaine de Chine; au centre, pièces de mobilier; au marli, des fleurs.

Diam., 235 millim.

246 — Deux grands bols, en ancienne porcelaine de Chine, à décor polychrome rehaussé d'or.

Diam., 31 cent.

247 — Grand plat creux en ancienne porcelaine de Chine, à décor de fleurs polychromes, rehaussées d'or.

Diam., 35 cent.

248 — Autre plat analogue.

Diam., 36 cent.

249 — Paire de lampes, en porcelaine de Chine bleue, à décor d'oiseaux et de fleurs en dorure. Montures en bronze doré.

Haut., 49 cent.

250 — Deux tabourets en porcelaine de Chine, à six pans renflés à leur partie médiane. Décor en bleu sur fond blanc.

251 — Bol en ancienne porcelaine de Chine, à décor de fleurs polychromes en relief sur fond blanc.

Diam., 29 cent.

252 — Grand bol en ancienne porcelaine de Chine, à décor de compartiments et de fleurs en dorure sur fond bleu lapis.

Diam., 26 cent.

253 — Petite coupe en ancienne porcelaine de Chine, décorée de personnages.

PORCELAINES DU JAPON

254 — Deux vases en ancienne porcelaine du Japon, piriformes, à decor de compartiments polychromes encadrés de bleu foncé rehaussé de dorures.

Haut., 225 millim.

255 — Grand plat en ancienne porcelaine du Japon, décoré en son centre d'un vase de fleurs, et sur le marli de grosses fleurs et d'une course de rinceaux en bleu, rouge et or.

Diam., 55 cent.

256 — Quatre soucoupes en porcelaine du Japon.

257 — Assiette en ancienne porcelaine du Japon, à décor de feuillages en bleu, rouge et or.

Diam., 22 cent.

258 — Grand plat circulaire en ancienne porcelaine du Japon, à fond bleu foncé, à décor doré disposé en compartiments.

Diam., 35 cent.

BRONZES DE LA CHINE

259 — Vase en bronze de la Chine, à panse aplatie, à col largement évasé, flanqué de deux anses en forme de dauphins. Sur le col et l'épaulement du vase, des compartiments d'ornements gravés en forme d'amandes.

Haut., 32 cent.

260 — Vase en bronze de la Chine, à panse de forme sphérique aplatie, à col largement évasé; deux têtes d'éléphants forment les anses. Sur la panse et sur le col se trouvent des ornements gravés en creux.

Haut., 35 cent.

261 — Brûle-parfums, de forme circulaire, reposant sur trois pieds, muni d'un large rebord à six pans dans lequel vient s'insérer un couvercle à deux étages, décoré de feuillages et d'oiseaux repercés à jour. Le bouton terminal se compose d'une tige végétale surmontée d'une chauve-souris. Ancien bronze de la Chine.

Haut., 24 cent.

262 — Brûle-parfums en ancien bronze de la Chine, de forme circulaire, reposant sur trois pieds têtes d'éléphants. Sur le rebord à six pans vient s'insérer un couvercle à deux étages, décoré de feuillages découpés à jour, d'incrustations d'argent, et surmonté d'un bouton également ajouré.

263 — Vase en ancien bronze de la Chine, de forme rectangulaire, à

large panse et col resserré, accompagné de deux anses rappelant par leur galbe des têtes d'éléphants. Décor de lambrequins en reliefs et d'incrustations d'argent. Sous le pied, une marque incrustée d'argent.

Haut., 24 cent.

264 — Petit vase en ancien bronze de la Chine, à panse piriforme construite sur un plan ovale, décoré d'incrustations d'argent et de cuivre. Le couvercle, terminé par un bouton, est orné de la même manière, et l'anse, montée à pivot, se termine par deux têtes d'animaux.

Haut., 14 cent.

265 — Brûle-parfums de forme circulaire reposant sur trois têtes d'éléphants, incrusté de coraux, de turquoises et de grenats, et décoré de feuillages en relief. Les deux anses sont composées de têtes d'éléphants dorées. Le couvercle, découpé à jour, est surmonté d'un éléphant couché dont le harnachement est incrusté de perles, de turquoises et de coraux. Bronze de la Chine.

Haut., 36 cent.

266 — Petite coupe de forme circulaire, montée sur trois pieds en forme d'éléphants, à décor en relief. Bronze doré. Pied en bois de fer. Chine.

267 — Petite coupe en ancien bronze de la Chine, montée sur trois pieds, accompagnée de deux anses, décorée d'incrustations d'or et d'argent. Couvercle en bois de fer surmonté d'un bouton feuillagé en jade.

Haut., 145 millim.

268 — Petit vase en ancien bronze chinois, à panse piriforme aplatie, décorée d'ornements en relief et d'incrustations en argent.

269 — Petit bassin rectangulaire en ancien bronze chinois, incrusté d'argent. Dans le fond, une inscription choinoise.

Long., 135 millim.; larg., 105 millim.

BRONZES DU JAPON

270 — Paire de vases en ancien bronze du Japon, à panses cylindriques, accompagnées de dragons repliés en volutes. La panse et le col sont recouverts d'un réseau de méandres incrustés d'argent.

Haut., 47 cent.

271 — Paire de vases en ancien bronze du Japon, à panses piriformes, accompagnées d'anses formées par de petits dragons. La panse est recouverte d'un réseau d'incrustations d'argent dont chaque maille est remplie par une fleur. Sur l'épaulement et sur le col sont également incrustées des fleurs d'argent.

Haut., 39 cent.

272 — Paire de vases de forme cylindrique, accompagnés d'anses composées de feuillages stylisés; dans le col vient s'insérer un large plateau fermant l'orifice du vase. Bronze incrusté de feuillages, de chrysanthèmes et d'oiseaux, en cuivre et argent.

Haut., 23 cent.

273 — Paire de pitongs décorés, sur leurs panses, de dragons en relief. Le pied repose sur trois griffes. Bronze du Japon.

Diam., 34 cent.

274 — Deux brûle-parfums en bronze du Japon, de forme circulaire, à panses aplaties, munies de deux anses et décorés de compartiments gravés contenant des fleurs et des imitations de caractères d'écriture. Les couvercles ajourés, en partie dorés, offrent quatre compartiments renfermant des fleurs découpées à jour.

Haut., 18 cent.; diam., 27 cent.

275 — Vase en ancien bronze du Japon, à panse piriforme aplatie, légèrement évasé vers son orifice, décoré extérieurement de feuillages stylisés incrustés d'argent. A l'intérieur est gravée une inscription.

Haut., 22 cent.

276 — Vase en ancien bronze du Japon, piriforme, surmonté d'un col terminé par un bulbe entièrement incrusté d'argent. Autour de la panse et du col s'enroule un dragon en relief.

Haut., 40 cent.

277 — Vase à quatre pans, à panse en forme de balustre, surmonté d'un col évasé, flanqué de deux anses semi-circulaires. Sa décoration est composée de grecques et de feuillages incrustés d'argent. Ancien bronze du Japon.

Haut., 32 cent.

278 — Vase à large panse surmonté d'un col resserré, accompagné de deux oiseaux de haut-relief formant anses. Toute la surface du vase est recouverte de compartiments d'ornements incrustés d'argent. Ancien bronze du Japon.

Haut., 14 cent.

279 — Paire de braseros de forme circulaire, montés sur trois pieds découpés à jour, accompagnés de deux anses en forme de grecques. Décor d'incrustations d'argent. Ancien bronze du Japon.

Haut., 27 cent.; diam., 125 millim.

280 — Vase de forme sphérique en ancien bronze du Japon, entièrement décoré d'incrustations d'argent. Tout autour de la panse s'enroule un dragon de haut-relief dont la tête forme le bouton du couvercle. Ce vase est accompagné d'un pied en bronze à quatre lobes, mouluré et décoré d'incrustations d'argent.

Haut., 25 cent.

281 — Paire d'aiguières, à panses piriformes, munies d'un long goulot recourbé et d'anses terminées par un médaillon. Sur la panse, deux compartiments représentant des branchages et des oiseaux de haut-relief entourés de feuillages gravés au pointillé. Les couvercles sont surmontés de petits chiens de Fô. Bronze doré du Japon.

Haut., 29 cent.

282 — Petit brûle-parfums, à panse aplatie, monté sur trois pieds,

accompagné de deux petits anses en forme de têtes d'éléphants, décoré d'oiseaux et de feuillages en relief. Le couvercle découpé à jour est surmonté d'une figure de chien de Fô.

Haut., 17 cent.

283 — Petite coupe accompagnée de deux anses et décorée à sa panse d'ornements champlevés et dorés s'enlevant sur un fond mate. Bronze du Japon.

Haut., 7 cent.

284 — Grand cornet en bronze doré, à huit pans, décoré sur ses arêtes de pièces de rapport découpées, et sur le nœud saillant qui réunit le col à la base de compartiments renfermant des oiseaux et des feuillages en relief; chacun des pans du col et de la base est décoré de feuillages et de fleurs gravés. Japon.

Haut., 63 cent.

285 — Deux petits plateaux en bronze doré, à bords découpés, décorés de compartiments renfermant des feuillages en relief. Japon.

Diam., 85 millim.

286 — Petit brûle-parfums en bronze ciselé et doré, monté sur trois pieds, accompagné d'anses formées par des mufles de lions, surmonté d'un couvercle ajouré, terminé par un bouton végétal.

Haut., 125 millim.

ÉMAUX CLOISONNÉS

287 — Garniture composée de trois pièces en ancien émail cloisonné de la Chine : brûle-parfums de forme sphérique aplatie, monté sur trois pieds imitant des têtes d'éléphants; vase piriforme décoré de chrysanthèmes sur fond turquoise ; petite boite sphérique aplatie en émail de même ton. Pieds en bois de fer.

Hauteur du brûle-parfums, 21 cent.
Hauteur du vase, 14 cent.
Diamètre de la boite, 75 millim.

288 — Grande coupe en ancien émail cloisonné de la Chine, de forme circulaire ; elle repose sur trois pieds qui correspondent aux lobes divisant sa panse. Le décor consiste en grosses fleurs polychromes réservées sur fond bleu lapis.

Haut., 14 cent.; diam., 26 cent.

289 — Paire de vases en forme de gourdes, en émail cloisonné de la Chine, à décor de médaillons renfermant des fleurs à fond rose violacé sur champ jaune d'œuf semé de rinceaux et de fleurettes.

Haut., 29 cent.

290 — Petit vase ovoïde en ancien émail cloisonné de la Chine. Le col cylindrique est fermé par un bouchon discoïde. Décor de fleurs et de feuillages sur fond vert sombre.

Haut., 7 cent.

291 — Assiette en ancien émail cloisonné de la Chine, décor polychrome. affectant la forme d'une étoile.

Diam., 18 cent.

292 — Trois grains de collier en ancien émail cloisonné de la Chine.

LAQUES

293 — Paravent à six feuilles en laque du Japon, à décor d'oiseaux et de bambous en dorure sur fond noir.

Haut., 1 m. 11 cent.

294 — Grande boite rectangulaire en laque du Japon, à fond noir, décorée de feuillages et d'oiseaux d'or.

Long., 41 cent.; larg., 32 cent.

295 — Grand plateau rectangulaire en laque du Japon, à fond rouge, décoré d'oiseaux et de pivoines en dorure.

Long., 84 cent.; larg., 61 cent.

296 — Écritoire en laque du Japon; le dessus est décoré d'un faisan et d'une tige fleuronnée exécutée en or sur fond noir. L'intérieur, sablé d'or, est muni d'un petit récipient en bronze argenté.

Long., 25 cent. ; larg., 24 cent.

297 — Boite à thé en laque rouge de Pékin, décorée de méandres et de fleurs en relief. A l'intérieur deux boites destinées à renfermer le thé.

Haut., 12 cent.; long., 195 millim.; larg., 105 millim.

MEUBLES DE L'ORIENT

298 — Grand cabinet en laque aventurinée du Japon, muni de deux vantaux décorés de deux paons sur fond noir avec incrustations de burgau. Il est muni à sa partie inférieure d'un tiroir et d'une tablette. L'intérieur comporte quatre rayons d'inégales grandeurs dont deux sont fermés par des portes. Il repose sur une table à quatre pieds en bois dur.

Haut., 1 m. 34 cent.; larg., 76 cent.; prof., 42 cent.

299 — Grand cabinet en laque aventurinée du Japon, muni de deux vantaux décorés de deux paons exécutés sur fond noir avec incrustations de burgau. A la partie inférieure se trouvent un tiroir et une tablette. L'intérieur du cabinet comporte une série de tiroirs et un compartiment central muni également de tiroirs et pivotant sur un axe. Pied en bois dur en forme de table.

Haut., 1 m. 40 cent.; larg., 75 cent.; prof., 41 cent.

300 — Deux petites tables en marqueterie. Tavail oriental.

301 — Deux vitrines en bois noir de style chinois, décorées d'applications de nacre formant un décor géométrique, couronnements sculptés et découpés à jour.

Haut., 1 m. 80 cent.; larg., 93 cent.

302 — Deux pieds circulaires en bois de fer, portés par des griffes de lions, décorés de feuillages et de masques repercés à jour. Dessus de marbre.

Haut. 41 cent.

303 — Table carrée en bois de fer incrusté en nacre; plateau de marbre.

Haut., 80 cent ; larg., 44 cent.

304 — Deux tables rectangulaires en bois de fer à quatre pieds sculptés de feuillages. Le plateau est de marbre.

Haut., 78 cent.; larg., 30 cent.; long., 40 cent.

305 — Deux pieds en bois de fer, de formes circulaires, portés sur sept griffes terminées par des têtes de dragons. Autour du plateau, incrusté de marbre, se développe une frise de feuillages découpés à jour. Travail chinois.

Haut., 19 cent.; diam., 32 cent.

306 — Table de milieu en bois de fer, terminée par des griffes; ceinture et chute décorées de dragons de style chinois et de bouquets de fleurs. Plateau en palissandre.

Haut., 78 cent.; larg., 77 cent.; larg., 1 m. 32 cent.

307 — Deux étagères en boisi de fer, composées de tablettes de différentes hauteurs, décorées sur leurs tranches de fleurs et de feuillages ciselés. Travail chinois.

Long., 57 cent.; larg., 20 cent.

FAIENCES DE RHODES

ET DE DAMAS

308 — Faience de Damas. Grand plat creux, décoré en son centre d'un médaillon semé de branchages et de grosses fleurs. Sur le marli, bouquet de grosses fleurs et de fleurettes. Décor bleu sur fond blanc. xvie siècle.

Diam., 38 cent.

309 — Faience de Rhodes. Plat décoré en son centre d'une rosace inscrivant le sceau de Salomon. Marli décoré de palmes et d'œillets rouges. Cadre en bois sculpté, partiellement doré.

Diam., 30 cent.

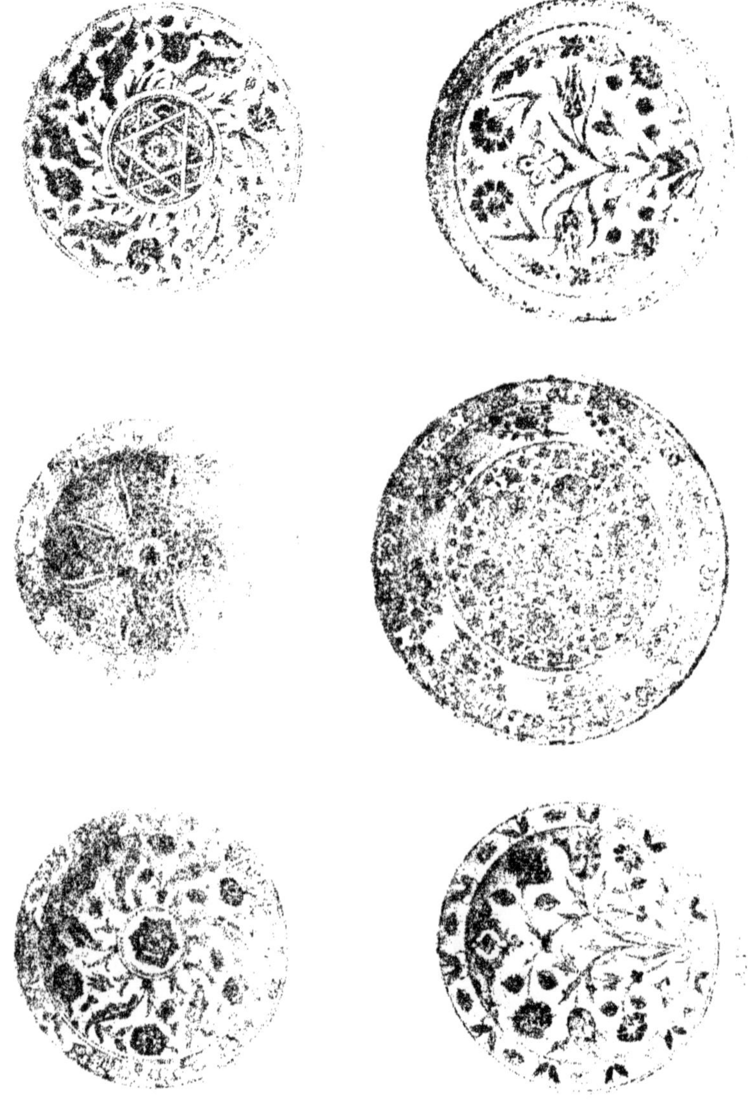

310

314

309

332

308

337

310 — Faience de Rhodes. Plat décoré en son centre d'une rosace rouge, bleu turquoise et bleu lapis, accompagnée de palmes, de tulipes et d'œillets disposés en hélice. Sur le bord, un dessin à compartiments formés de spirales. xviiie siècle. Cadre en bois sculpté, partiellement doré.

Diam., 30 cent.

311 — Faience de Rhodes. Vase de forme cylindrique, décoré de tiges d'œillets rehaussées d'or sur fond d'émail blanc. xviie siècle.

Haut., 25 cent.

312 — Faience de Rhodes. Petit broc à panse piriforme, décoré de tiges de fleurs et de rinceaux polychromes sur fond d'émail blanc. Anse en forme de volute. xviie siècle.

Haut., 225 millim.

313 — Faience de Rhodes. Plat décoré en son centre d'un médaillon à bord bleu contenant des tiges de fleurs et des palmes réservées en blanc et teintées en rouge; sur le marli, compartiments d'ornements, dessinés en spirale. Cadre en bois sculpté et partiellement doré. xviie siècle.

Diam., 29 cent.

314 — Faience de Rhodes. Plat décoré d'imbrications bleu lapis et vert formant une fleur à quatre pétales bordée de rouge. Sur le marli, des compartiments d'ornements en spirale. xviie siècle. Cadre en bois sculpté partiellement doré.

Diam., 27 cent.

315 — Faience de Rhodes. Plat décoré en son centre d'une grande palme bleue à réserve blanche ponctuée en rouge, accompagnée de pivoines rouges frottées d'or. Sur le marli, compartiments d'ornements en spirale. xviie siècle. Cadre en bois sculpté partiellement doré.

Diam., 29 cent.

316 — Faience de Rhodes. Plat décoré de tulipes, de roses et de feuillages rehaussés d'or. xviie siècle.

Diam., 29 cent.

317 — Faience de Rhodes. Plat décoré de tiges et tulipes, de roses et de fleurettes polychromes disposées verticalement. xviie siècle.

Diam., 29 cent.

318 — Faience de Rhodes. Plat de décor analogue.

319 — Faience de Rhodes. Plat, décor de tulipes bleues et de rinceaux bleus et verts sur fond blanc, bord décoré d'une course d'ornements.

Diam., 26 cent.

320 — Faience de Rhodes. Plat décoré en son centre d'éléphant et de gazelle, sur fond bleu turquoise. xviie siècle.

Diam., 27 cent.

321 — Faience de Rhodes. Plat décoré d'un compartiment d'arabesques formé par des feuillages affrontés encadrant un gros fleuron. xviie siècle.

Diam., 24 cent.

322 — Faience de Rhodes. Plat décoré de tulipes et de roses. xviie siècle.

Diam., 26 cent.

323 — Faience de Rhodes. Plat décoré de roses, de tulipes rouges et bleues et d'un grand rinceau recourbé en volute. xviie siècle.

Diam., 30 cent.

324 — Faience de Rhodes. Deux plats décorés de roses et de tulipes. xviie siècle.

Diam., 30 cent.

325 — Faience de Rhodes. Petit plat décoré en son centre d'une rosace bleue, verte et rouge. xviiie siècle.

Diam., 26 cent.

326 — Faience de Rhodes. Grande coupe décorée de roses, de fleurettes bleues, de tulipes et de grands rinceaux bleus. xviie siècle.

Diam., 29 cent.

327 — Faience de Rhodes. Plat décoré en son centre d'une figure de cavalier oriental. xviie siècle.

Diam., 26 cent.

328 — Faience de Rhodes. Plat décoré de jacinthes, de roses et de tulipes. xviie siècle.

Diam., 25 cent.

329 — Faience de Rhodes. Grand plat décoré de tulipes et de roses. xviiie siècle.

Diam., 35 cent.

330 — Faience de Rhodes. Grand plat décoré d'un paon faisant la roue. xviiie siècle.

Diam., 35 cent.

331 — Faience de Rhodes. Plat décoré de roses, de tulipes et de fleurs de pêcher avec rehauts d'or. xviie siècle.

Diam., 30 cent.

332 — Faience de Rhodes. Plat à décor de tulipes et de roses. xviie siècle.

Diam., 31 cent.

333 — Faience de Rhodes. Deux petits plats décorés de tulipes et de roses bleues et rouges. xviie siècle.

Diam., 21 et 26 cent.

334 — Faience de Rhodes. Deux plats décorés de roses et de tulipes bleues et rouges. xviie siècle.

Diam., 29 cent.

335 — Faience de Rhodes. Plat décoré de roses et de tulipes en rouge sombre et bleu. xviie siècle.

Diam., 35 cent.

336 — Faience de Rhodes. Plat décoré d'un trois mâts en bleu et rouge. xviie siècle.

Diam., 30 cent.

337 — Faience de Rhodes. Grand plat décoré de deux tiges de tulipes et de deux tiges de roses entrelacées symétriquement. xviie siècle.

Diam., 32 cent.

338 — Faience de Rhodes. Plateau décoré de tulipes, d'œillets et de fleurs de pêcher polychromes. xviie siècle.

Diam., 25 cent.

339 — Faience de Rhodes. Plat décoré d'un vase d'où sortent des tiges d'œillets. xviie siècle.

Diam., 30 cent.

340 — Faience de Rhodes. Plat décoré en son centre de bateaux marchant à la voile sur fond bleu. xviie siècle.

Diam., 30 cent.

341 — Faience de Rhodes. Plat décoré en son centre d'une rosace circulaire remplie d'arabesques. xviie siècle.

Diam., 30 cent.

342 — Faience de Rhodes. Plat décoré de grands rinceaux bleus et rouges et de fleurs de pêcher. xviie siècle.

Diam., 31 cent.

FAIENCES ET PORCELAINES DIVERSES

343 — Deux vases à panses sphériques décorés de médaillons circulaires renfermant des bustes, entourés de gros feuillages et des fleurs polychromes. Venise. Fin du xvie siècle.

Haut., 21 cent.; larg., 22 cent.

344 — Plat en ancienne faïence hispano-mauresque, à décor de reflets métalliques, composé de fleurs, de rosaces et de fruits ; sur l'ombilic, une étoile réservée en blanc. xvie siècle.

Diam., 40 cent.

345 — Plat circulaire en faïence italienne décoré d'un buste de guerrier et d'arabesques.

Diam., 33 cent.

346 — Trois carreaux de revêtement en faïence orientale.

347 — Groupe en porcelaine représentant Apollon et une muse.

Haut., 19 cent.

348 — Service composé de cinq pièces : cafetière, théière, sucrier, pot à crème et bol à décor d'oiseaux disposés en des compartiments à fond blanc réservés sur un fond bleu lapis.

MATIÈRES PRÉCIEUSES

TRAVAUX EUROPÉENS

349 — Vase cylindrique en cristal de roche gravé; sur sa panse, décorée à la partie supérieure de guirlandes de laurier, au milieu d'un paysage, on aperçoit Apollon poursuivant Daphné, dont les extrémités se transforment en tiges de laurier. Travail italien de la fin du XVIe siècle. La monture, composée de deux cercles d'or émaillé, l'un formant la base, l'autre contournant l'orifice, est de fabrication allemande du XVIIIe siècle. Le couvercle, en forme de dome godronné et serti d'argent filigrané et doré, de travail oriental, surmonté d'une figure d'amour tenant une guirlande de roses en or, est de travail moderne.

Haut., 235 millim.

350 — Petite gourde en cristal de roche, de forme aplatie, munie de quatre passants pris dans la masse, auxquels sont accrochés des chaînes d'or. Sur l'une des faces de la gourde, on voit les armoiries de France surmontées de la couronne royale, accompagnées de deux branches de laurier, du croissant, emblème de Diane, du chiffre attribué à Diane de Poitiers et de rinceaux terminés par des têtes de chiens. Sur l'autre base est gravé en creux un buste de Diane, drapé à l'antique, un carquois suspendu à l'épaule. Au-

dessus de ces motifs sont gravées des fleurs de lys entourées de feuillages. Le bouchon est de cristal serti d'or émaillé, décoré comme la base de petits rubis et de petites émeraudes cabochons.

Haut., 158 millim.

351 — Vase ovale en cristal de roche gravé, monté sur quatre pieds pris dans la masse, sertis d'argent doré. Le couvercle, relevé en son centre, ainsi que l'orifice du vase, sont également sertis d'argent gravé et doré.

Long., 95 millim.; haut., 8 cent.

352 — Coupe en forme de nacelle, en cristal de roche sculpté; les bords sont décorés de rinceaux en relief; au-dessus de l'anse se développe une large feuille de vigne qui recouvre toute la panse du vase. La tige, en balustre, décorée de feuillages, repose sur un pied circulaire où se retrouve le même genre de décoration. Des cercles d'argent ciselé et doré, décorés de perles, de godrons ou de feuilles de persil, sertissent le pied et le réunissent à la tige et à la coupe.

Haut., 18 cent.; larg., 16 cent.

353 — Coupe de forme ovale, à quatre lobes, en cristal de roche gravé de rinceaux, de fleurs et de mascarons terminés par des feuillages. Le pied, de forme circulaire, est mouluré et également décoré de gravures. Un anneau d'or émaillé sertit le pied; un autre, de même nature, le réunit à la panse, sur laquelle se relèvent deux anses en forme de dauphin en argent ciselé.

Long., 195 millim.; larg., 11 cent.

354 — Tabatière en cristal de roche, de forme allongée; la plaque supérieure est décorée de rinceaux gravés et taillés à pans. Monture en vermeil.

Larg., 85 millim.

355 — Boite octogonale composée de deux plaques en cristal de roche, à décor rayonnant, serties dans une monture d'argent doré et filigrané, rehaussée de plaques de lapis, d'émeraudes et de rubis. Travail oriental.

Larg., 8 cent.

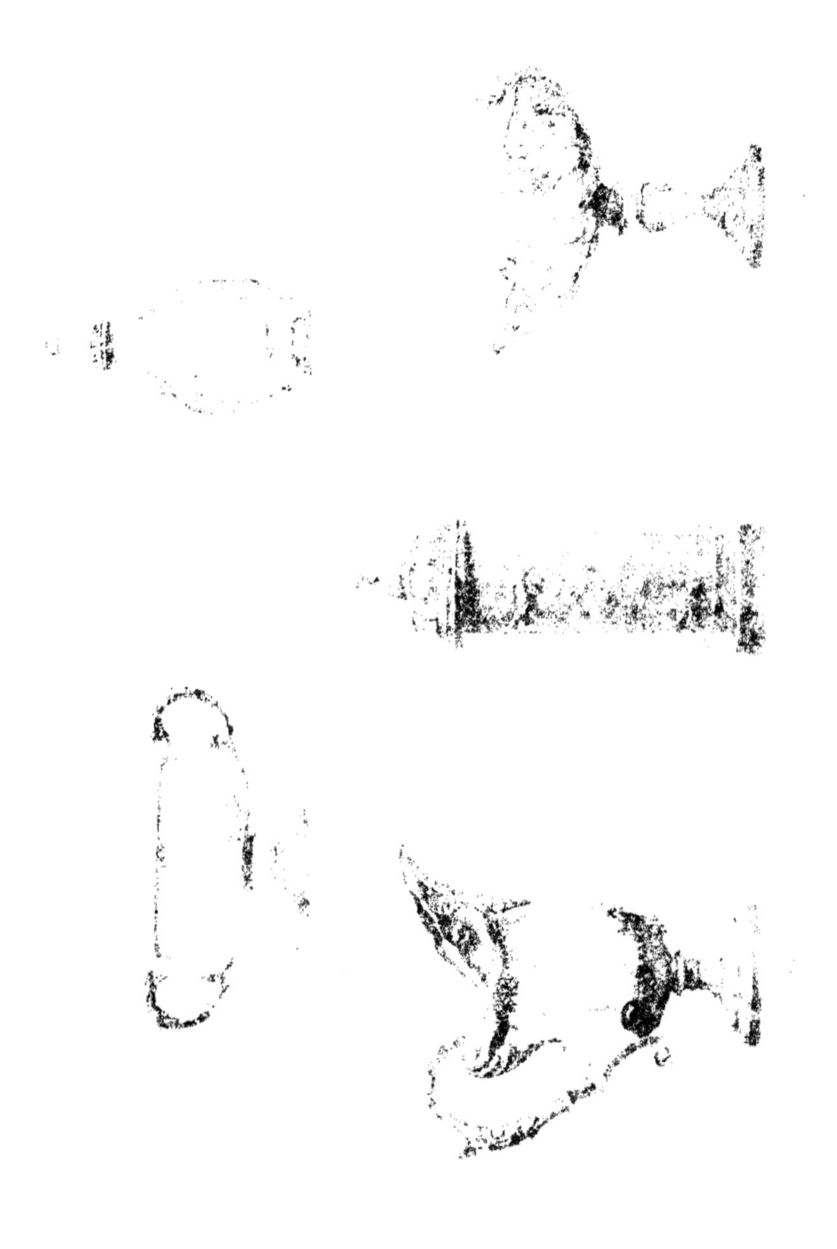

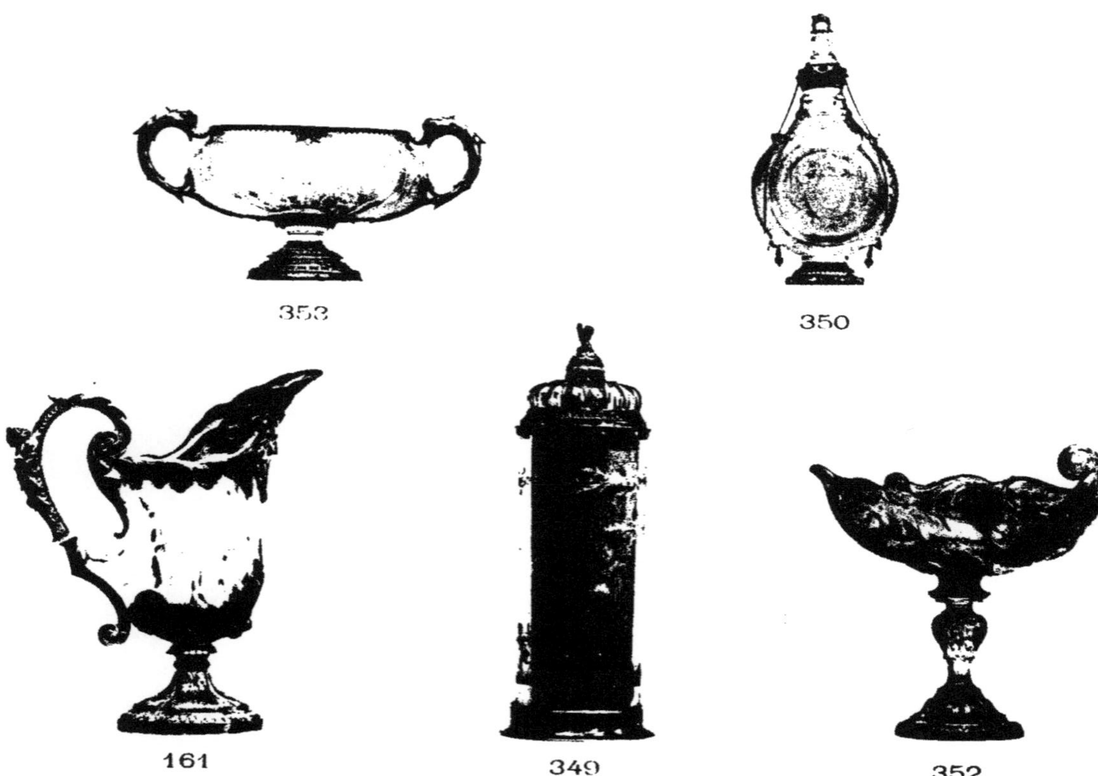

353 350

161 349 352

356 — Boite oblongue en lapis : monture décorée de filigrane d'argent doré. Travail oriental, XVIIIe siècle.

Long., 94 millim.

357 — Paire de vases en prime d'améthyste, de forme ovoïde, accompagnés d'un pied, d'anses et de boutons en bronze ciselé, de style Louis XVI.

Haut., 205 millim.

358 — Coupe circulaire en jaspe : la panse est vers son culot travaillé de godrons alternativement creux ou saillants disposés en hélice. Au-dessus de ces godrons, une gorge profonde entoure tout le vase. Travail ancien. Pied en bronze ciselé et doré de style Louis XVI.

Diam., 175 millim.; haut., 115 millim.

359 — Garniture de trois pièces, composée d'un brûle-parfums et de deux vases ovoïdes en porphyre rouge, montés en bronze ciselé et doré, de style Louis XVI.

Haut. du brûle-parfums, 40 cent.
Haut. des vases, 265 millim.

360 — Deux coupes en prime d'améthyste : l'une, en forme de cœur ; l'autre, en forme de demi-œuf.

Long., 10 cent. et 9 cent.

361 — Petit vase de forme ovoïde, en sardonyx à trois couches, surmonté d'un couvercle de même matière. Les anses en forme de couronnes de laurier, le bouton du couvercle, le cercle qui entoure le pied sont en or de deux couleurs. Style Louis XVI.

Haut., 62 millim.

362 — Petit vase en agate, à panse aplatie : monture moderne en argent ciselé et émaillé, décorée de deux figures de femmes en gaines.

Haut., 84 millim.

363 — Petite coupe en lapis de Perse, de forme ovale ; la patte, également ovale, est sertie d'un large bandeau d'argent doré, orné de petits grenats ; la tige, en balustre, est accompagnée de deux anses

en forme d'ailettes composées de fils de vermeil ; d'autres ornements de vermeil de même style se relèvent aux deux extrémités de la coupe et simulent des anses.

Haut., 8 cent. ; larg., 92 millim.

364 — Boite oblongue composée de plaques d'agate ; monture en argent doré, découpée à jour.

Long., 78 millim.

365 — Boite de jaspe de Sicile de forme contournée ; le couvercle est monté en argent doré.

Larg., 86 millim.

366 — Flacon à odeur, piriforme aplati, en agate mousseuse montée en argent ciselé et doré ; le couvercle est orné d'un cabochon d'améthyste.

Haut., 85 millim.

367 — Étui formant trousse en prime d'améthyste taillé à quatre pans, serti dans une monture d'argent doré, décorée de grenats ; muni, à sa partie inférieure, d'un cachet.

Haut., 105 millim.

368 – Cuiller en agate, montée en argent gravé et doré ; le manche est décoré de cabochons de grenats et de turquoises. XVIIe siècle.

Long., 184 millim.

BIJOUX EUROPÉENS

369 — Petite trousse en argent repoussé et ciselé, en partie doré, contenant des ustensiles de toilette ; les deux faces de cette trousse sont incrustées de plaques de lapis, d'un camée à deux couches et d'une intaille en cornaline offrant un griffon. Italie. XVIIIe siècle.

Haut., 92 millim.

370 — Bague antique montée d'une sardonyx à trois couches, gravée d'une cigale.

371 — Petite paire de boucles d'oreilles antiques en or. Le bouton affecte la forme d'une spirale à laquelle est suspendue une perle d'or.

372 — Bague en or composée de deux fils entrelacés sertissant une intaille sur jaspe vert, représentant une tête imberbe laurée.

373 — Deux boutons en or composés de deux monnaies grecques offrant la tête de Minerve et une victoire.

374 — Petit cachet en argent gravé, offrant un écusson d'armoiries, une inscription arabe et ces mots : Abud Spada. XVIIIe siècle.

375 — Bague en or sertissant une intaille représentant Hébé faisant boire l'aigle de Jupiter.

376 — Petite bague antique montée d'une cornaline gravée, représentant une victoire.

377 — Bague en or décorée de feuillages sur l'anneau, montée d'une cornaline gravée offrant une inscription et deux petits personnages. Travail persan.

378 — Chaine en or composée de deux gros fils tissés, réunis par un coulant orné de deux saphirs pâles et terminée par un anneau de suspension et un crochet.

Long., 31 cent.

379 — Bijou de suspension composé d'un grand médaillon en argent filigrané, décoré d'une turquoise et de médaillons estampés offrant une figure de vierge, le tout soutenu par deux chaines d'argent dont les chainons sont composés de quatre feuilles. Travail oriental.

380 — Paire de pendants d'oreilles composés d'un gros bouquet de fleurs formant pendant et d'un papillon déguisant la monture : monture en argent.

Long., 9 cent.

381 — **Montre à répétition en argent gravé et découpé à jour, muni e d'un cadran d'argent portant la signature de : Henner, à Wurtzbourg. Double boitier en argent doré, repoussé et découpé à jour, décoré d'un paysage animé et de médaillons d'hommes et de femmes en argent. XVIIIe siècle.**

Diam. 55 millim

382 — Petite boucle d'oreille grecque en or, décorée d'une tête de femme en relief.

383 — Petite chaine en or, de fabrication antique; les chainons sont décorés alternativement de marguerites estampées ou affectant la forme de losanges.

384 — Petite pendeloque en argent.

385 — Châtelaine composée d'un crochet de suspension en argent doré et émaillé bleu, rehaussé de petites perles, et d'une montre en or de deux couleurs, à boitier émaillé de bleu, signée : Janvier, à Paris. Époque Louis XVI.

ARGENTERIE

386 — Aiguière et son bassin en argent ciselé. Le bassin, de forme allongée, est découpé sur ses bords et décoré de fleurs et d'ornements de style rocaille. L'aiguière, dont la panse est fortement renflée à sa partie médiane, repose sur un pied à profil contourné et est munie d'une anse en forme de volute. Toute la panse du vase est recouverte de compartiments de style rocaille et de tiges de fleurs. Sur le bassin et l'aiguière sont frappés deux poinçons. Travail italien, XVIIIe siècle.

Bassin, Long., 54 cent.; larg., 40 cent.
Hauteur de l'aiguière, 38 cent.

387 — Petite coupe godronnée en argent doré, repoussée, décorée au fond de figures de Vénus et de l'Amour. Sur le bord, des bouquets de fruits et de feuillages.

Larg., 13 cent.

388 — Bénitier en argent estampé, décoré d'un groupe représentant la Sainte Famille. Italie, XVIIe siècle.

389 — Boite de forme ovale en argent repoussé, portée sur quatre pieds : le couvercle et la panse sont décorés d'ornements de style rocaille. XVIIIe siècle.

Long., 14 cent., haut. 95 millim.

390 — Petite coupe de forme ovale lobée, en argent estampé, décorée en son centre d'une figure de femme couchée et d'une figure d'enfant bêchant la terre, et sur ses bords de bouquets de fruits. XVIIIe siècle.

Larg., 13 cent.

391 — Petite coupe à huit lobes, en argent repoussé et doré, décorée d'une figure de femme et de fruits.

Larg., 14 cent.

392 — Deux montures de gobelets en argent repoussé, composées d'une feuille de vigne et d'un culot de style rocaille. XVIIIe siècle.

Haut., 66 millim.

393 — Petite coupe en argent de fabrication orientale : elle est godronnée et décorée de feuillages repoussés.

Diam., 75 millim.

394 — Petit flacon à odeur en vermeil repoussé. XVIIIe siècle.

Haut., 9 cent.

395 — Petite coupe turque, en argent repoussé, décorée de rosaces enchâssant des coraux.

Diam., 13 cent.

396 — Petite coupe montée sur un pied en balustre, en filigrane d'argent doré, accompagnée de deux anses découpées en volutes et d'oiseaux émaillés montés sur des ressorts. Sur le pied et la coupe sont montés de petites perles fines et de petits grenats cabochons. Travail oriental. Fin du XVIe siècle.

397 — Bracelet composé de cinq chatons de cornalines et d'agates, gravées d'inscriptions et montées en argent. Travail persan.

398 — Bracelet composé d'un fil de soie autour duquel sont disposées des appliques d'argent et des chatons filigranés sertissant sept grenats.

399 — Plateau en argent gravé et filigrané, en partie doré. Travail oriental ancien.

Diam., 16 cent.

400 — Petite boite de forme circulaire et bombée, en argent ciselé, décorée de rosaces niellées. Travail russe.

Diam., 46 millim.

401 — Encrier en argent ciselé, niellé et doré, muni d'un récipient côtelé, accompagné de trois étuis destinés à contenir les calames. Triple chaine de suspension terminée par un bouton accompagné de petites perles. Travail turc.

Long., 21 cent.

402 — Petite tasse en argent de forme ovale, à demi-couverte, décorée d'arabesques et d'inscriptions arabes gravées. Travail moderne.

Long., 135 millim.

403 — Porte-allumettes de forme cylindrique, décoré d'inscriptions arabes et d'arabesques gravées.

Haut., 85 millim.

404 — Gobelet et plateau en vermeil ciselé et niellé, accompagnés de six petites cuillers à café décorées de même.

405 — Coupe en argent de style chinois, décorée de feuillages et de caractères d'écriture.

406 — Moutardier en argent de forme cylindrique.

407 — Cuiller à sucre en argent doré et niellé. Travail russe.

Long., 19 cent.

408 — Petite coupe de forme lobée, décorée extérieurement de rosaces et de rinceaux gravés. Travail moderne.

Diam., 10 cent.

409 — Pot à crème en argent repoussé, de style rocaille.

Haut., 10 cent.

410 — Ecuelle à bouillon, de style Louis XVI, terminée par un bouton en forme de grenade.

Diam., 17 cent.

411 — Sucrier de forme hémisphérique aplatie, décoré de feuillages gravés. Le couvercle est terminé par un bouquet de feuilles.

Diam., 12 cent.

412 — Trois plateaux en argent estampé, décorés de feuillages et de figures d'amours.

413 — Quatre plateaux ovales, en argent estampé en partie doré, décorés de feuillages, de fleurs et de fruits.

414 — Légumier en argent gravé, décoré d'arabesques. Travail moderne.

Haut., 135 millim. ; diam., 15 cent.

415 — Miroir à main de forme ovale, monté en argent repoussé et gravé ; au revers, le Sommeil de Vénus.

Haut., 17 cent.

416 — Canette en argent gravé et repoussé, décorée sur l'un de ses côtés d'un médaillon renfermant un buste de femme. Travail moderne.

Haut., 195 millim

OBJETS VARIÉS EUROPÉENS

417 — Horloge de table en cuivre doré, de forme hexagonale, portée sur quatre pieds décorés de mascarons ; chacune des faces est garnie d'une plaque de cristal laissant apercevoir le mouvement. La sonnerie est placée sous le mouvement dont les pièces sont décorées de gravures représentant des fleurs et des feuillages. Cadran muni d'un cercle en argent gravé. Une figure de Mercure, en argent, tenant en main une longue flèche, se dresse au centre du cadran auquel il sert d'aiguille. Travail allemand, XVIIe siècle.

Haut., 18 cent. ; diam., 15 cent.

418 — Horloge de table de forme rectangulaire en bronze doré, décorée à ses angles de petites chimères en argent. De petites appliques en argent sont également fixées aux angles du cadran. Travail allemand, XVIIe siècle.

Haut., 85 millim. ; larg., 105 millim.

419 — Crucifix en cuivre gravé et doré, décoré de figurines en relief et d'émaux champlevés. XVe siècle.

Haut., 57 cent.

420 — Plaque rectangulaire en fer repoussé et damasquiné d'or, représentant la Crucifixion. Travail italien, fin du XVIe siècle.

Haut., 17 cent., larg., 11 cent.

421 — Coffret rectangulaire en marqueterie de bois et d'ivoire ; intérieur peint renfermant un tiroir.

Long., 29 cent., larg., 21 cent.

422 — Lot de cadenas, entrées de serrures, pentures et anneaux de fer montés en panoplie.

423 — Clef d'arquebuse en forme de balustre, décorée d'une figure de dragon et de feuillages ciselés. XVIIe siècle.

Long., 85 millim.

424 — Manche d'éventail en cuivre repoussé et doré. Venise, XVIIe siècle.

Long., 17 cent.

425 — Petit cadre en argent, dans le style du XVIIe siècle, renfermant un portrait de femme en costume du XVIIe siècle.

Haut., 13 cent.

426 — Petit verre vénitien à tige en balustre, accompagnée d'ailettes en verre bleu travaillées à la pince.

Haut., 172 millim.

427 — Figurine égyptienne en terre émaillée bleu turquoise.

428 — Deux figurines égyptiennes en bronze : Isis et Horus.

429 — Lot composé de trois bronzes égyptiens : un quadrupède, une figure d'Horus et une figure d'homme debout.

430 — Trois scarabées en basalte et en terre émaillée.

431 — Figurine égyptienne en bronze : Horus.

Haut., 22 cent.

432 — Pince à épiler, de style oriental, en fer damasquiné d'or et d'argent, à manche de corail.

433 — Couteau à ouvrir les lettres, à manche d'ivoire, à lame dorée et gravée.

434 — Clef de chambellan en bronze doré, aux armes de Saxe. XVIIIe siècle.

435 — Amphore en terre cuite, recouverte extérieurement de coraux et d'éponges.

ARMES EUROPÉENNES

436 — Petit stylet italien, à poignée en forme de croisette, à lame triangulaire. XVIIe siècle.

Long., 175 millim.

437 — Sabre japonais.

438 — Sabre polonais, à lame damassée, à fourreau de maroquin noir garni d'argent.

439 — Trois fusils à pierre, à fûts décorés de marqueterie et d'ornements en argent. Travail oriental.

440 — Épée de parade, du Second Empire, à poignée en plaqué avec pièces de nacre.

441 — Trois pièces : épée à deux mains, marteau d'armes et hache à deux tranchants.

442 — Deux hallebardes, à lames en forme de croissant.

443 — Trois espontons.

444 — Corsesque.

445 — Pertuisane.

446 — Fauchard.

447 — Trois lances japonaises.

448 — Sept schiavones, à gardes de fer.

449 — Deux rapières, à coquilles composées de nombreuses branches de fer.

450 — Trois rapières, à gardes de fer, à pommeau ciselé et damasquiné.

451 — Épée espagnole, à coquille de fer repercée à jour.

452 — Épée espagnole, à coquille de fer repercée à jour et à quillons chantournés.

453 — Épée espagnole, à garde de fer en forme de corbeille formée par un réseau et à quillons chantournés.

454 — Trois pièces : morion, pansière et rondache en fer repoussé et gravé.

455 — Huit pièces : stylets et dagues.

456 — Deux masses en fer.

457 — Quatre haches, de style oriental, décor d'incrustations.

458 — Deux marteaux d'armes, de style oriental.

459 — Deux poignards recourbés, de style oriental.

460 — Long poignard à lame droite, à cannelure médiane, damasquiné d'or ; manche en corne noire, décoré de rondelles en fer damasquinées d'or.

461 — Deux sabres japonais, à fourreau de laque.

MONNAIES ET MÉDAILLES

462 — Drachme d'Antiochus Épiphane. Au revers, la statue de Jupiter. Argent.

Diam., 27 millim.

463 — Drachme d'Alexandre le Grand Au revers, la statue de Jupiter. Argent.

Diam., 3 cent.

464 — Drachme de Ptolémée, roi d'Égypte. Au revers, l'aigle d'Alexandrie. Argent.

Diam., 2 cent.

465 — Drachme de Mirina. Sur la face, une tête imberbe, les cheveux longs, laurée. Au revers, un personnage debout tenant une branche de laurier. Argent.

Diam., 3 cent.

466 — Double drachme d'Antiochus et Vergète. Au revers, Minerve soutenant une Victoire. Argent.

Diam., 29 millim.

467 — Drachme d'Antiochus Philopator. Minerve tenant en main une Victoire. Argent.

Diam., 28 millim.

468 — Drachme de Démétrius. Argent.

Diam., 27 millim.

469 — Drachme de Ptolémée, roi d'Égypte. Au revers, l'aigle d'Alexandrie. Argent.

Diam., 26 millim.

470 — Drachme de Philippe de Macédoine. Au revers, la statue de Jupiter. Argent.

Diam., 24 millim.

471 — Deux monnaies d'or d'Alexandre, type casqué ; au revers, une Victoire.

Diam., 18 millim.

472 — Monnaie d'or de Philippe, type lauré ; au revers, un bige.

473 — Monnaie d'Athènes. Tête casquée de Minerve; au revers, une grappe de raisin. Argent.

Diam., 22 millim.

474 — Petite monnaie grecque portant la légende ξενων. Argent.

Diam., 16 millim.

475 — Deux monnaies grecques : sur l'une, une tête entourée d'une couronne radiée; sur l'autre, une cigale. Argent.

476 — Huit monnaies d'argent au nom de Bohémon, comte de Tripoli. Argnet.

477 — Deux monnaies, tournois de Philippe le Bel. Argent.

478 — Médaille. Droit : tête à gauche de Sigismond Pendolf Malatesta. R' Le château des Malatesta, à Rimini. Matteo di Pasti. 1446. Bronze.

Diam., 82 millim.

479 — Diane; elle est représentée en buste de profil à gauche, vêtue d'une tunique, un carquois sur l'épaule. Bronze ovale. Italie, fin du xve siècle.

Haut., 46 millim., larg., 33 millim.

480 — Le Jugement de Pâris, d'après Valerio Belli. Argent, ovale.

Haut., 51 millim.; larg., 48 millim.

481 — Médaillon Isabelle Capua, femme de Ferdinand de Gonzague. Buste à droite, les cheveux recouverts d'un voile, vêtue d'une robe ouverte au col, sur laquelle pend un collier de perles. Jacopo da Trezzo. Argent doré, sans revers. Italie, xvie siècle.

Diam., 69 millim.

482 — Médaille. Droit. Buste à droite de Faustina Sforza en costume de veuve. Légende : Faustina Sfortia. March Caravagi. R' Un chas-

seur poursuivant une hermine au milieu d'un paysage montagneux. Légende : *Mori potius quam fœdari.* Italie, XVIe siècle. Bronze doré.

Diam., 72 millim.

483 — Médaille. Hippolyte, fille de Ferdinand de Gonzague ; buste à gauche, décolleté, les cheveux nattés. Au revers, Diane chasseresse. D'après la médaille de Leone Leoni.

Diam., 65 millim.

484 — Médaille. Hippolyte, fille de Ferdinand de Gonzague ; buste à gauche vêtu d'une tunique, les cheveux nattés. Au revers, un char traîné par Pégase.

Epreuve moderne en bronze doré de la médaille de Jacopo da Trezzo.

Diam., 6 cent.

485 — Médaillon. Blanca Pensana de Carcano ; buste à gauche d'une jeune femme, les cheveux nattés ; robe brodée à collet montant. Italie. Argent.

Diam., 52 millim.

486 — Médaillon. Blanca Pensana de Carcano ; buste à gauche d'une jeune femme, les cheveux nattés ; robe brodée à collet montant. Sous l'épaule, le monogramme E P P. Plomb. Sans revers. Italie, XVIe siècle.

Diam., 53 millim.

487 — Médaillon. Anna Maurella Isea ; buste à droite d'une jeune femme drapée à l'antique, les cheveux nattés. Italie, XVIe siècle. Plomb, sans R'.

Diam., 57 millim.

488 — Même médaillon, épreuve en argent.

Diam., 56 millim.

489 — Même épreuve en argent.

Diam., 58 millim.

490 — Médaillon. Camilla Ruggieri; buste à droite d'une femme drapée à l'antique, les cheveux nattés, un collier de perles au cou. Légende : *Camillæ Rugeriæ*. Italie, XVIe siècle. Plomb sans revers.

Diam., 65 millim.

491 — Même médaillon en argent.

Diam., 64 millim.

492 — Médaille. Marie Madeleine, grande-duchesse de Toscane ; buste à gauche, les cheveux frisés et nattés, le cou entouré d'une grande collerette de dentelle. Bronze.

Diam., 9 cent.

493 — Médaille. Jean de Médicis. Droit, buste à gauche, drapé à l'antique, les cheveux longs et frisés ; au revers, un palmier et la légende : Si fuero et ero. Bronze.

Diam., 83 millim.

494 — Médaillon. Cosme II de Médicis, grand-duc de Toscane ; buste à droite, cuirassé, le cou entouré d'une large fraise. Argent, sans R'.

Diam., 95 millim.

495 — Médaillon. Cosme II de Médicis, grand-duc de Toscane, par Guillaume Dupré. Plomb. XVIIe siècle.

Diam., 95 millim.

496 — Médaille. Marie de Médicis, par Guillaume Dupré, 1611. Buste à droite, les cheveux relevés ; robe munie d'une grande collerette, un collier de perles au cou. Au revers, Marie de Médicis conduisant un navire. Argent. XVIIe siècle.

Diam., 59 millim.

497 — Médaille. Francisco Galibori de Florence. Droit, buste à droite, les cheveux longs et frisés, drapé dans un manteau orné de fourrures. R' : un génie et les attributs des Arts libéraux. Bronze. Italie, XVIIIe siècle.

Diam . 9 cent.

498 — Médaillon. Femme inconnue ; buste à droite d'une jeune femme drapée à l'antique, les cheveux relevés et frisés au cou en forme de torsade. Bronze, sans revers.

Diam., 61 millim.

499 — Même médaillon. Argent.

Diam., 6 cent.

500 — Même médaillon. Argent.

Diam., 6 cent.

501 — Médaillon de Pompée. Travail italien, XVIIIe siècle.

Diam., 104 millim.

502 — Médaillon de Francesco Redi d'Arezzo. Travail italien, XVIIe siècle.

Diam., 9 cent.

503 — Médaillon de la Victoire debout sur un char traîné par quatre chevaux. Travail italien, commencement du XIXe siècle.

Diam., 135 millim.

504 — Médaillon. Femme inconnue : buste à droite, coiffure élevée d'où descend un voile venant se draper sur les épaules ; au cou, un collier de perles ; sous l'épaule, le monogramme AR. Plomb, sans revers.

Diam., 68 millim.

BRONZES D'ART ET D'AMEUBLEMENT

505 — Vénus et l'Amour. Assise sur un rocher, à demi-nue, elle présente, de la main droite, la pomme à son fils accroupi près d'elle. Sur le devant du groupe, deux colombes se becquetant. Bronze à patine brune. XVIIIe siècle.

Haut., 325 millim.

506 — Vénus et l'Amour. Groupe en bronze doré. Italie, XVIIe siècle.

Haut., 28 cent.

507 — Marteau de porte; le marteau se compose de deux figures d'enfants accostant un écusson d'armoiries. La tige du marteau est retenue par un mascaron. Bronze à patine brune.

Haut., 30 cent.

508 — Petit bas-relief de forme rectangulaire représentant Bacchus enfant accompagné de jeunes bacchants ivres-morts. Fin du XVIIIe siècle.

Haut., 94 cent.; larg., 15 cent.

509 — Un chameau. Il est représenté debout, au repos, la tête relevée. Terrasse ovale portant la signature : *Barye*. Patine verte.

Haut., 15 cent.

510 — *Barye*. Lion couché dévorant un chevreau. Patine verte. Base ovale. Signé : *Barye 1837*.

Haut., 15 cent.; larg., 31 cent.

511 — Réduction en bronze de la Vénus de Milo. Fonte de Houdry.

Haut., 44 cent.

512 — Deux bouts de table à bases circulaires, de forme surbaissée, en bronze gravé et doré.

Haut., 24 cent.

513 — Paire de petits flambeaux en bronze ciselé et doré, à tige en forme de balustre, rehaussés d'incrustations. XVIIe siècle.

Haut., 15 cent.

514 — Paire de lampes en porcelaine céladon, ornées d'un pied et de mufles de lions en bronze doré.

Haut., 52 cent

515 — Paire de flambeaux, de style Louis XVI, en bronze doré.

516 — Vide-poche en bronze argenté et doré, composé de quatre volutes supportant des bustes de femmes et un dôme surmonté d'une figurine d'amour.

Haut., 24 cent.

517 — Deux boutons de portes formés de bustes de Bacchus. Italie. XVIIe siècle.

Haut., 105 millim.

518 — Crochet de suspension muni d'une vis à sa partie supérieure et à sa partie inférieure d'une poulie décorée d'appliques de cuivre estampé.

Haut., 17 cent.

519 — Trois petits vases en bronze doré, de style rocaille, à panses piriformes, accompagnés de deux anses en volutes à fleurs et feuillages.

Haut., 11 cent. et 17 cent.

MEUBLES EUROPÉENS

520 — Grand coffre en noyer sculpté, décoré sur sa partie antérieure de trois compartiments renfermant des figures allégoriques et un médaillon entouré de cuirs découpés; autour de ces compartiments se développe une course de feuillages: aux extrémités des mufles de lions et des bouquets de fruits. Pieds griffes.

Long., 1 m. 67 cent.; haut., 58 cent.

521 — Pied en noyer sculpté reposant sur une base triangulaire. Le plateau est supporté par une figure d'enfant nu tenant sur sa tête une corbeille de fleurs. Travail italien.

Haut., 96 cent.

522 — Petit cabinet en ébène, décoré d'incrustations d'ivoire, ouvrant à deux vantaux, renfermant cinq tiroirs également incrustés. Poignées en bronze doré. Travail italien, XVIIe siècle.

Haut., 49 cent.; larg., 63 cent.

523 — Table en poirier noirci à quatre pieds sculptés et réunis par des traverses disposées en croix de Saint-André. La ceinture de la table, le devant des tiroirs, le plateau sont décorés de compartiments incrustés d'ivoire. Italie, XVIIe siècle.

Haut., 80 cent.; long., 95 cent.; prof. 55 cent

524 — Commode Louis XVI à trois tiroirs de profils découpés, munis d'entrées de serrures et de poignées en bronze doré. Bois de noyer ; dessus de marbre blanc.

Haut., 85 cent.; long., 1 m. 22 cent.

525 — Petit cabinet italien en ébène incrusté d'ivoire, muni sur sa partie antérieure d'un abattant, divisé à l'intérieur en dix tiroirs et un compartiment central fermé par un vantail. Les tirants des tiroirs sont formés par de petites pendeloques d'argent décorées de grenats et de corail. Sur les côtés, deux poignées d'argent. Travail italien, XVIIe siècle.

Long., 49 cent.; larg., 32 cent.; haut., 38 cent.

526 — Table à trois faces, en ébène incrusté de compartiments d'ivoire portés sur quatre pieds en forme de balustre décorés de feuillages. Travail italien.

Haut., 80 cent.; larg., 55 cent., long., 96 cent.

527 — Petit cabinet en ébène, de forme rectangulaire allongée à deux étages, décoré d'incrustations d'ivoire, de lapis, d'agate et de nacre. Il est muni à sa partie centrale d'un vantail déguisant quatre petites travées, et sur les côtés, de quatre tiroirs de dimensions différentes. Italie, XVIIe siècle.

Long., 75 cent.; larg., 24 cent.; haut., 34 cent.

528 — Escabeau en noyer sculpté, décoré sur son dossier de figures d'anges adossées à un écusson. Travail italien.

Haut., 1 m. 25 cent.

529 — Six chaises en poirier noirci incrusté d'ivoire recouvertes de damas rouge.

530 — Deux chaises en ébène sculpté foncées en canne. Travail oriental.

531 — Deux fauteuils en chêne sculpté, garnis en maroquin rouge.

532 — Quatre chaises analogues aux fauteuils qui précèdent.

533 — Cadre en bois sculpté et doré, décoré de têtes d'anges, d'ornements de style rocaille, dont la partie inférieure forme bénitier. Travail italien, XVIIIe siècle.

Haut., 75 cent.; larg., 50 cent.

534 — Cadre en bois sculpté et doré, composé de deux larges volutes, surmonté de bouquets de roses formant fronton. Italie, XVIIe siècle.

Haut., 58 cent.; larg., 45 cent.

535 — Cadre circulaire en bois sculpté et doré, muni à sa partie inférieure de deux têtes de chérubins, sur les côtés et à la partie supérieure, de bouquets de fleurs formant fronton. Italie, XVIIe siècle.

Haut., 64 cent.; larg., 46 cent.

536 — Deux petites appliques en bois sculpté et doré, de style Louis XIV.

Haut., 21 cent.

537 — Autre applique en bois sculpté et doré, ornée de feuillages, de style Louis XIV.

Haut., 22 cent.

538 — Deux consoles en noyer sculpté, décorées d'un lion soutenant un écusson vide. Travail italien.

539 — Deux gaines en noyer sculpté, décorées sur leurs faces d'un dragon de haut-relief tenant des écussons. Travail italien.

Haut., 1 m. 56 cent.

540 — Deux pieds de lampes en bois noirci, à bases circulaires; tiges décorées de trois mufles de lions; plateaux circulaires en marbre.

Haut., 1 m. 22 cent.

541 — Pied de lampe à base rectangulaire; la tige se compose d'une colonne cannelée en cuivre verni, surmontée d'un chapiteau de bronze, portant un plateau de marbre. Époque du Premier Empire.

Haut., 1 mètre.

542 — Glace biseautée dans un cadre en noyer sculpté, décoré d'une grande guirlande de feuillages, profondément sculptée, formant à la partie supérieure un couronnement sur lequel se détache une figure d'amour de haut relief. Travail italien. XVIIIe siècle.

Haut., 1 m. 90 cent.; larg., 1 m. 35 cent.

543 — Glace biseautée dans un cadre italien en bois sculpté et doré, composé de grands rinceaux de feuillages adossés ou affrontés, terminés par un fronton surmonté de trois grosses fleurs.

Haut., 1 m. 32 cent., larg., 95 cent.

TAPIS ET ÉTOFFES

544 — Lot de tapis d'Orient.

545 — Fort lot de divers costumes orientaux, de laine et de soie.

546 — Deux rideaux en soie de la Chine, à décor de dragons et de rinceaux.

Haut., 3 m. 37 cent.

www.ingramcontent.com/pod-product-compliance
Ingram Content Group UK Ltd.
Pitfield, Milton Keynes, MK11 3LW, UK
UKHW020338180726
13839UKWH00002B/777